ELENA MONJE GARCÍA
BEATRIZ MONJE GARCÍA

@infarmarte

LA DOSIS HACE AL FÁRMACO... *o al veneno*

LAS CURIOSIDADES FARMACÉUTICAS MÁS SORPRENDENTES

OBERON

Responsable editorial: Susana Krahe Pérez-Rubín

Diseño de cubierta: Patricia Bataller Sánchez

Diseño de los interiores: Patricia Bataller Sánchez

Ilustraciones interiores: Juan Bermúdez (@estudiokatastrofico)

PAPEL DE FIBRA CERTIFICADA

© EDICIONES OBERON (G. A.), 2024

Valentín Beato, 21. 28037 Madrid

Depósito legal: M.15.017-2024

ISBN: 978-84-415-5055-1

Impreso en España

A nuestra familia,
que siempre nos ha apoyado
en todas las decisiones de nuestra vida.

ÍNDICE

PRÓLOGO

Los medicamentos, esas «sustancias» casi mágicas que tomamos cuando estamos enfermos. Pero ¿alguna vez te has preguntado de dónde vienen? Bueno, tal vez no, porque a quién le importa de donde vengan mientras que funcionen, ¿no? Pues olvídate de aburridas historias científicas porque en este libro te explicamos la versión más curiosa, divertida y loca de la historia de los medicamentos. Así que prepárate, porque te presentamos *La dosis hace al fármaco... o al veneno.*

Para ponernos en situación, vamos a empezar por el principio: las plantas. La pregunta del millón es: ¿cómo se descubrieron los primeros medicamentos? Seguro que te imaginas una historia llena de heroísmo y valentía, pero la verdad es que fue de chiripa, pura suerte, simplemente ensayo y error. Así como cuando intentas cocinar una receta nueva que encontraste en internet y terminas modificándola con los ingredientes que te quedan en el frigorífico.

Nuestros antepasados, siempre curiosos, utilizaron lo que tenían a mano para subsistir. Dependiendo de las plantas que crecían cerca de ellos, añadían especias a sus guisos. Y aquí viene la parte divertida: si olía bien, ¡hala, a la olla! Si el sabor resultaba agradable, se repetía y pasaba de generación en generación, como esa receta de patatas a la importancia que tu abuela te enseñó.

Por otro lado, dicen los entendidos en evolución que, como la mayoría de los venenos son amargos, nuestros antepasados comenzaron a asociar el sabor amargo con algo desagradable y que debían evitar. Es como si nuestro cerebro dijese: «Eh, cuidado, eso no está bueno, mejor no lo comas». Es el famoso instinto de supervivencia. Pero con el tiempo, hemos adquirido gustos más refinados y ahora hasta disfrutamos de la amargura de la cerveza o la tónica. Eso sí, la primera vez que las pruebas no entiendes cómo a alguien le puede gustar.

Aquí vas a aprender que los medicamentos no son solo sustancias misteriosas que tomamos cuando estamos enfermos, sino la culminación de siglos y siglos de ensayo y error, más el ingenio humano para encontrar formas de aliviar nuestras dolencias.

En la antigüedad, los seres humanos eran unos verdaderos valientes a la hora de probar medicamentos nuevos. Primero se lo daban a los animales y observaban si morían o si tenían un comportamiento extraño, y después se arriesgaban a probarlos ellos mismos. Es increíble lo que puede hacer el hambre y la desesperación, uno se convierte en todo un aventurero. Así es como descubrieron un montón de plantas con propiedades medicinales, como las laxantes. A ver, no hace falta ser un genio para darse cuenta de que si te las tomas, ¡vas a echar hasta el alma por el intestino! Al principio, todo era muy básico, se las comían crudas o las cocinaban un poquito. Y ya luego, se sofisticaron y empezaron a moler las plantas secas o sus frutos como el café para hacer infusiones. La cosa es que la intuición y la suerte también jugaron un papel importante, porque todos los descubrimientos necesitaron un poco de magia y azar.

Y ahora, vamos a hablar de las drogas, ¡esto se pone interesante! Todos venimos del mismo punto de partida, aunque nos hayamos separado de nuestros primos evolutivos hace millones de años, tenemos algo en común, querer seguir viviendo. Algunas plantas para sobrevivir decidieron ser más tóxicas que tu expareja para ahuyentar a los depredadores. Otras se camuflaron en el ambiente, mientras que otras se volvieron carnívoras, porque cada uno tiene su estilo. Pero lo que más nos interesa a nosotros son las que decidieron empezar a producir sustancias alucinógenas para adaptarse al entorno. Estas plantas hacen lo mismo que nosotros, utilizan lo que tienen a mano: si la tierra es rica en nitrógeno, ellas lo captan y hacen sustancias venenosas para sus depredadores. *Spoiler:* la mayoría de las drogas extraídas de plantas que te hacen volar la cabeza y ver unicornios rosas, llevan nitrógeno, son alcaloides y acaban en –ína. ¿A que ahora entiendes por qué son tan chungas? En torno a un 10 % de las plantas producen alcaloides como mecanismo de defensa. No todo lo natural es bueno.

Y os estaréis preguntando, ¿cómo demonios una farmacéutica sabe tanto de plantas? Pues, a mí no es algo que me apasione, pero ya sabéis cómo funciona la universidad, hay que rellenar con asignaturas relacionadas. En nuestro caso: Botánica para distinguirlas, Fisiología vegetal para saber cómo se portan, Farmacognosia para saber qué drogas se sacan de ahí... Menuda locura de palabras raras. Pero oye, al final le coges el gustillo, sobre todo cuando empezamos a hablar de venenos y drogas.

Veréis, en España droga es lo que te metes en una fiesta y que está prohibido, pero en el mundo de la Farmacia también se refiere a los fármacos. Vamos, que me volví loca en las primeras clases, no entendía nada. Encima, la palabra *fármaco* deriva del griego *pharmakon,* que significa remedio, cura y también veneno. Incluso, hay una frase que nos tatuaron en la cabeza nada más entrar a la facultad: «La dosis hace el veneno».[1]

En resumen, cualquier cosa puede ser medicamento o veneno, dependiendo de la cantidad. Por eso a los niños se les da menos dosis, todo acorde a su peso y edad. De esta manera, se dieron cuenta de que los venenos podían ser los primeros medicamentos, solo hacía falta ajustar la dosis. Ensayo y error, otra vez.

---

[1] Frase de Paracelso, médico y alquimista suizo del siglo XVI, considerado el padre de la farmacología y la toxicología.

CAPÍTULO 1

PLANTAS DE LAS BRUJAS Y DIOSES

SOLANÁCEAS

LAS SOLANÁCEAS

Las **solanáceas,** una familia de plantas que podríamos llamar las **estrellas del veneno,** son las típicas que encantan a las brujas y a los dioses. Entre ellas, se encuentran la mandrágora, el estramonio, el beleño y la belladona, y también... ¡la patata, los pimientos, la berenjena y el tabaco! Sí, señoras y señores, esas verduras y el cigarrillo de después de comer también están dentro de este grupo mortal.

Para los antiguos, cualquier cosa que no entendieran era considerada mágica y divina. Así que estas plantas en particular eran consideradas como si tuvieran **poderes sobrenaturales.** Pero nosotros, con nuestra sabiduría moderna, sabemos que en realidad lo que tienen son principios activos, es decir, sustancias que pueden hacer modificaciones en nuestro organismo. Ahora le damos el elegante nombre de **acción farmacológica.**

BURUNDANGA ESCOPOLAMINA

¿Por qué vuelan las **brujas con escobas**?

La historia de las brujas volando sobre escobas tiene su origen en la Edad Media, cuando la **mujer acusada de brujería** por la iglesia y autoridades era **perseguida y castigada** hasta la muerte. Las brujas no eran más que mujeres que se reunían y **experimentaban con plantas medicinales para curar sus padecimientos,** como dolores menstruales y otros males que los médicos de la época ignoraban.

Esta búsqueda de conocimiento por parte de las mujeres estaba prohibida, por lo que se reunían en secreto, para practicar lo que se denominó brujería.

En ese proceso, también contaban con plantas venenosas y alucinógenas por su alto contenido en **alcaloides** como la mandrágora, beleño, adormidera o estramonio.

En un principio, **ingerían estas plantas a dosis bajas,** evadiéndose de la realidad, teniendo **visiones y alucinaciones,** pero los **efectos secundarios** gastrointestinales eran tan desagradables que decidieron **prepararlas en forma de ungüentos**.

Aquí es donde viene la escoba. Se dice que estas mujeres relataban que eran capaces de volar cuando se montaban en una **escoba untada** con **el ungüento mágico.** Restregaban el palo de la escoba por su zona íntima, favoreciendo la absorción de la **escopolamina** vía vaginal, lo que se traducía en un viaje asegurado. Lo siento, nunca más podrás ver a una bruja encima de una escoba de la misma manera.

EL PERRO Y LA MANDRÁGORA

La cosa va de brujos. Seguro que recuerdas cuando **Harry Potter,** en la película de *La cámara secreta,* tenía que plantar **mandrágoras** en el invernadero. Hermione nos explicaba lo peligrosas que eran, ya que sus chillidos podían matar a cualquiera que los escuchara y sus raíces tenían forma humana. Resulta que J.K. Rowling se inspiró en un **ritual antiguo para arrancar estas plantas** del suelo. En aquel entonces, **ataban un perro a la planta** y cuando el pobre animalito lograba sacarla, **el brujo tenía que atraparla al vuelo** para que no perdiera su «magia». Obviamente, si no se seguía este fantástico ritual, se decía que la planta comenzaría a chillar y te mataría. ¡Cualquiera se arriesgaba!

Seguro que lo que pasó en realidad es que el primer valiente que intentó arrancarla sin ayuda del perro terminó muerto. Tiene sentido porque la **planta es supertóxica** y puedes envenenarte con solo tocarla. Seguro que tuvo alucinaciones, vio cosas sorprendentes, entre ellas, juraría que la raíz de la mandrágora que ya de por sí tiene forma humana y chillaba para que no la sacaran de la tierra. El resto de la tribu decidió no volver a intentarlo, para curarse en salud, sin un ayudante peludo.

Esta rocambolesca historia se debe a que **la raíz de la mandrágora contiene,** entre otras cosas, **escopolamina,** que a lo mejor les suena más como la famosa **burundanga,** o **droga de la verdad,** o droga del violador. En la cultura popular también tiene otros nombres divertidos como aliento del diablo, o beso del sueño, incluso, polvo zombi. El último nombre me parece muy creativo, porque se utiliza para **anular la voluntad de quien la consume,** y las pobres víctimas pierden la memoria, sin poder contar lo que les ha pasado. A esto lo llamamos **sumisión química.**

La burundanga se hizo muy famosa hace unos años, allá por el 2015. Se utiliza para **reducir la saliva o los mocos** cuando se producen de manera brutal, impidiendo la respiración, especialmente en **cuidados paliativos.** Además, tiene un derivado muy popular llamado **butilescopolamina** (Buscapina®), que se usa para aliviar los dolores menstruales y los cólicos, ya que **disminuye las contracciones dolorosas de la musculatura involuntaria.**

HIOSCINA Y HIOSCIAMINA

¿Qué es estar **embelesado**?

Resulta que la **escopolamina** también puede ser llamada **hioscina,** y hay otra sustancia muy parecida llamada **hiosciamina.** Aunque la hiosciamina no se utiliza en la actualidad en la medicina, fue muy importante en la antigüedad. Os tenemos que presentar una planta muy relevante que contiene una mezcla de todas estas sustancias: el misterioso ***Hyoscyamus niger,*** también conocido como **beleño o belesa.**

Esta planta aparece en la *Odisea,* ¡sí, en la célebre obra griega de Homero! Resulta que una maga hizo beber una **poción de beleño** a los compañeros de Ulises, quienes comenzaron a alucinar pensando que se habían convertido en cerdos.

Así fue como esta planta recibió el nombre de ***Hyoscyamus*** (*Hyos* = cerdo + *cyamus* = haba).

Ahora tenemos la fórmula completa: la planta belesa *(Hyoscyamus niger)* produce hioscina y hiosciamina, y de ahí proviene la palabra «em**belesa**do». Seguro que has escuchado alguna vez la expresión «estar em**belesa**do por su belleza», pues bien, sería algo así como estar hipnotizado. La belesa se utilizaba en la antigüedad por sus **propiedades hipnóticas y narcóticas.** Según la Real Academia Española (RAE), embelesado es alguien que tiene arrebatados los sentidos. Se dice de las personas que estaban bajo los efectos de los alcaloides de la belesa, que estaban hechizados, en trance, casi inconscientes.

BELLADONA ATROPINA

¿Por qué eran tan icónicos **los ojos de Cleopatra**?

Es archiconocida, la atractiva **belladona** y sus peligros, sobre todo su superpoder de matar si se ingiere. Resulta que esta mala hierba crece por todos lados y es la culpable de un montón de **intoxicaciones.** Cuidadito con sus bayas o frutos dulces, porque parecen caramelos, siendo irresistiblemente **mortales para los niños** y **muy tóxicas** para los adultos: visión borrosa, taquicardia intensa y dilatación de las pupilas, seguido de convulsiones y muerte.

Pero lo más curioso es el origen de su nombre. ¿Os acordáis de las **moiras de la mitología griega**? Quizá os suene más de la genial película de Disney, *Hércules.* Las tres señoras del inframundo amiguitas de Hades que se iban pasando **un único ojo** para poder ver el destino y que se dedicaban a **cortar nuestro hilo de la vida,** pobres mortales. ¡Vaya trabajo más macabro! Pues resulta que ***Atropa* viene de Átropos,** una de esas señoras que daban tan mala vibra.

En la mitología romana, ***Atropa*** se convertía en la **parca Morta,** la muerte en persona. Y ahí fue cuando alguien dijo:

«Si se llama Atropa, ¿qué tal si añadimos -ína para que quede más claro que esto puede matar?». ¡Atropina!, voilà!

Pero eso no es todo en cuanto al nombre, la **belladona** también tiene sus trucos de lo que hoy llamaríamos *skincare* para **hacer más bellas a las mujeres o *donna.*** Era utilizado como cosmético para blanquear el rostro y **dilatar las pupilas**. Así que, nuestros antepasados si querían tener una mirada seductora **como la de Cleopatra**, solo tenían que untarse belladona en la cara y dejar que sus ojos se conviertan en dos faros gigantes.

Hoy en día, la **atropina** tiene **dos usos farmacológicos.** Uno de ellos, siguiendo la historia, en **oftalmología:** los colirios de atropina dilatan las pupilas y se utilizan para **observar el fondo del ojo.** Pero después de eso, no se ve nada durante prácticamente todo el día. Y el otro de esencial importancia, utilizado en **inyección para revertir las bradicardias en situaciones de emergencia.**

SOLANINA, OBVIO, DE SOLANÁCEAS

¿Se puede comer una **patata** que tiene **brotes**?

Nuestras amadas **patatas** también pertenecen a la familia de las **solanáceas**. De hecho, su nombre científico es ***Solanum tuberosum*** y es uno de los tubérculos más consumidos mundialmente. Pero, cuidado, porque si no las guardamos correctamente, pueden empezar a brotar o ponerse verdes. Cuando esto sucede, aumentan los niveles de una sustancia alcaloide llamada **solanina,** que, aunque no es tan peligrosa como sus parientes, sigue siendo **tóxica.**

La planta de la patata **produce solanina para protegerse de hongos** y también para mantener alejados a los bichitos no deseados. Pero, aquí viene lo interesante: si comes una patata con **solanina,** prepárate para saborear lo **amargo** de la vida. Literalmente. Puedes terminar teniendo vómitos, diarrea, fiebre e incluso ¡alucinaciones! Así que ya sabes, nunca comas patatas que estén dañadas o verdes al pelarlas y siempre quita los brotes.

No se ha demostrado que las patatas tengan propiedades curativas, aunque en el pasado se usaban para tratar desde **catarros hasta crisis epilépticas.**

GUINDILLA
CAPSAICINA

¿De dónde viene el **gas pimienta**?

El protagonista de esta historia es el **pimiento.** Esa verdura tan usada en nuestras cocinas. Su nombre científico es ***Capsicum,*** ya que al partirlo está vacío por dentro, como si se tratara de una caja o **cápsula.** Obviamente, de ahí viene el nombre de su alcaloide, como podréis imaginar, lo llamaron **capsaicina.** Cuanta más cantidad de capsaicina haya, más picante será el pimiento. Esto, la planta lo utilizará como mecanismo de defensa para no ser devorada, ya que la capsaicina es irritante para los animales, produciendo un ardor insufrible en la boca e irritando los ojos y la piel.

Hoy en día, la **capsaicina** tiene más usos. Se utiliza para fabricar **gas pimienta,** un arma química utilizada para dispersar disturbios o como defensa personal.

En medicina, por otra parte, se utiliza como analgésico para tratar dolores. Si tienes dolor intenso, solo tienes que untarte una crema o ponerte un parche con capsaicina y tus neuronas del dolor se aturdirán. ¡Adiós, dolor! Eso sí, para aplicarte la crema, mejor usa guantes para no sentir ese ardor demoníaco en las manos. Y, por favor, ¡cuidado de no llevaros el producto a los ojos o a la boca! Imaginaos el picor insoportable.

TABACO NICOTINA

¿Qué significa **echar un polvo**?

La planta más famosa del planeta quizá sea el tabaco, también conocida como ***Nicotiana tabacum.*** Esta planta fabrica el alcaloide **nicotina** para protegerse de los insectos, por eso ha sido utilizada durante años como **insecticida**. ¿Insecticida? Sí, sí, lo que oyes. Resulta que la nicotina es un veneno superpotente en altas dosis, pero en dosis bajas produce una dependencia tremenda en los fumadores. Vamos, que estamos fumando un insecticida natural.

La nicotina es muy adictiva porque libera dopamina, la hormona del placer. Cuando Cristóbal Colón y su gente llegaron a América, los indígenas les enseñaron a fumar hojas de tabaco. Ya en aquel entonces notaron que era muy adictiva, algo que no podían ni querían abandonar, ni por casualidad.

Aparte de fumar cigarrillos o puros, el **tabaco también se puede masticar o inhalar en forma de polvo.** El **rapé o polvo de tabaco** era la droga de moda en la alta sociedad en el siglo XVIII, ¡los aristócratas europeos se volvían locos por el rapé!

Ahora vamos con lo que significa la expresión **echar un polvo.** No, no te emociones, no tiene nada que ver con lo que estás pensando. Resulta que en sus comienzos, solo se refería a **inhalar el rapé** por la nariz en los aseos. Sí, como cuando decimos «salgo a fumar un cigarro» hoy en día. Parece ser que más de uno aprovechaba esto como excusa para escaparse de las fiestas y encontrarse secretamente con su enamorado/a. Y así, poco a poco, el inocente acto de consumir tabaco se convirtió en un eufemismo para el **encuentro sexual.** ¡Vaya cambio, eh!

Hoy en día, usamos **nicotina en parches y chicles como medicamento** para ayudar a las personas a dejar de fumar. ¿Por qué? Porque la nicotina es la sustancia que crea esa dependencia al cigarrillo. Entonces, en lugar de obtenerla del tabaco, les damos **nicotina en dosis cada vez más pequeñas y controladas.** Esto ayuda a reducir el síndrome de abstinencia, esa sensación horrible que engancha a tanta gente en todo el mundo. El objetivo es que, poco a poco, puedan dejar de fumar para siempre.

CAPÍTULO
2

VENENOS PUROS
O
ARMAS BIOLÓGICAS

MATAPERROS ESTRICNINA

«¡Que te den morcilla!»

La **estricnina** es otro alcaloide, que suena a vocablo complicado, pero en realidad, viene de una planta llamada ***Strychnos nux vómica,*** también conocida como **nuez vómica, mataperros de la India** o matacán de la India. ¿Y por qué se llamaría así? Pues porque hace vomitar y se ha utilizado para matar a **perros rabiosos callejeros.**

Aunque ahora esté prohibida, su uso principal en humanos ha sido como **laxante** a pequeñas dosis, pero se ha dejado de utilizar por su elevada toxicidad. La **estricnina** es un gran estimulante del cerebro y de la médula espinal. Produce **rigidez en los músculos,** convulsiones y muerte por **dejar de respirar.** Además de otros síntomas parecidos a la enfermedad del tétanos. Visualicemos a la niña del exorcista, risa sardónica (falsa y siniestra) y opistótonos, haciendo el pino-puente. Por su gran toxicidad se utilizaba para matar a pequeños mamíferos como ratones, gatos y perros. Eso sí, debido al amargo y desagradable sabor de la estricnina, **la camuflaban en carne picada.** Así, **disfrazaban el veneno** en forma de morcillas, que comían los perros rabiosos callejeros.

Y de ahí viene esa frase que todos conocemos: «¡Que te den morcilla!». Cuando alguien nos tiene hasta el moño y queremos que nos deje en paz de una vez, le decimos eso para mandarlo bien lejos de forma cruel. ¿A qué ahora cobra sentido, aunque sea un poco tétrico?

¡¡¡QUE TE DEN MORCILLA!!!
?

CICUTA

Risa sardónica

La risa sardónica, definida por la RAE, es aquella que **no surge de una verdadera sensación de alegría interna.** Se trata de una **contracción involuntaria** de los músculos faciales que da como resultado un **gesto que imita la risa.** Es similar a la risa espeluznante de personajes como la niña poseída en *El exorcista* o el Joker. Es esa risa ficticia y perturbadora que vemos en las películas de terror.

Este tipo de risa tiene sus raíces en un ritual de las antiguas civilizaciones sardas en la isla de Cerdeña, Italia. Estas comunidades ofrecían a sus ancianos enfermos una poción elaborada a partir de plantas que les permitía partir de este mundo con una sonrisa en sus rostros. Al sonreír de esta manera tan siniestra de manera continua, consideraban que era una forma apropiada de transición. Se iban felices.

¿Qué plantas se utilizaban en este ritual? Nada más y nada menos que la **cicuta, *Conium maculatum,*** y su pariente cercana, ***Oenanthe crocata* o nabo del diablo,** que contienen neurotoxinas como la cicutoxina y alcaloides como la cicutina.

LA MUERTE DE SÓCRATES

Es de sobra conocido que Sócrates fue sentenciado a beber cicuta. Pero que no os engañen. La muerte de Sócrates no pudo ser dulce.

En la antigua Grecia, el Estado controlaba los venenos y los usaba como arma de ejecución. En el año 399 a. C., Sócrates fue obligado a tomar el «veneno de Estado», **la copa de cicuta,** tras ser juzgado, declarado culpable y condenado a muerte por despreciar a los dioses atenienses y por corromper a los jóvenes, alejándolos de los principios de la democracia.

Según Platón en su obra *Fedón*, la muerte de Sócrates fue de lo más dulce:

Sócrates continuó paseándose hasta que sus piernas no pudieron sostenerle; entonces se tendió sobre el lecho. El carcelero le tocó los pies, preguntándole si lo notaba, y él contestó que no. Después le palpó las piernas y más arriba, diciéndonos que ya todo él estaba frío y rígido. Sócrates se palpó también y dijo: «Cuando el veneno llegue al corazón será el fin».

Pronto empezó a ponerse frío de las caderas, y descubriendo entonces la cabeza, que ya se había tapado, dijo: «Critón, ahora me acuerdo de que debo un gallo a Asclepio». «Se pagará, no lo dudes —díjole Critón—; ¿quieres algo más?». Pero Sócrates ya no respondió a esa pregunta. Al cabo de uno o dos minutos pareció moverse y los que rodeaban el lecho lo destaparon. Tenía ya los ojos fijos, y Critón le cerró la boca y párpados.

Los síntomas de **envenenamiento por cicuta** no cuadran con la plácida muerte que supuestamente tuvo Sócrates. La cicuta conduce a una **muerte muy desagradable,** ya que no se pierde la consciencia en ningún momento. Se **sufre fuerte dolor** de cabeza, náuseas, diarrea, vértigos, dolor abdominal, sed, dificultad para tragar y hablar, vómitos violentos y parálisis de los músculos que va ascendiendo, hasta que al no poder respirar se produce la **muerte por asfixia.**

Por supuesto, debido a lo tóxica que es, en medicina nunca se ha usado por la vía oral. Sin embargo, algunas culturas han tratado de formular cremas y linimentos a base de cicuta para aliviar dolores en áreas específicas. Ya que puede interactuar con las terminaciones nerviosas de la piel proporcionando alivio local, pero hay que tener mucho cuidado, ya que sigue siendo muy peligrosa para la salud. Es por eso por lo que se han buscado otras alternativas más seguras para tratar el dolor.

CURARE

De las flechas de los indios al quirófano actual

La palabra **tóxico** deriva del latín *toxĭcum,* **veneno,** y este del griego **tóxon, arco**, y **toxikón** que significa **veneno para emponzoñar las flechas.** La humanidad siempre ha hecho todo lo posible para mejorar su calidad de vida, utilizando lo que tenía más a mano. Todas las civilizaciones han envenenado las flechas para cazar y defenderse de los enemigos, pero, en este caso, quienes utilizaban el **curare,** eran los indios jíbaros del Amazonas, extrayéndolo de una planta llamada ***Chondrodendron tomentosum,*** que fabrica su alcaloide la **tubocurarina.**

Como ya habrás adivinado, el curare es un veneno que se untaba en las flechas y dardos **para inmovilizar a las presas,** causando un bloqueo gradual de los músculos. Así que las pobres víctimas quedaban ahí, conscientes, con la mirada fija y sin poder gritar o llorar, hasta que se asfixiaban y morían. Lo curioso es que **solo hace efecto mediante inyección, no si se ingiere,** así que podrían disfrutar tranquilos de la cena sin peligro alguno.

Esta propiedad de paralizar los músculos, se ha aprovechado en la medicina moderna para realizar las cirugías. Los fármacos que derivan de la tubocurarina, pertenecen a una familia de medicamentos llamados **bloqueantes musculares curarizantes.** La idea es relajar todos los músculos del paciente para que el cirujano pueda hacer su trabajo sin preocuparse de que haya espasmos musculares involuntarios y provoque alguna complicación como cortes indeseados. Eso sí, siempre con el paciente vigilado y conectado a una máquina para que no acabe como las víctimas de las flechas de los jíbaros en el Amazonas.

HABA DEL CALABAR FISOSTIGMINA

Antídoto del curare

El **antídoto del curare es la fisostigmina,** que se extrae del **haba del Calabar o *Physostigma venenosum.*** Cuando por accidente los indígenas se pinchaban con las flechas envenenadas con curare, utilizaban el extracto de esta planta para contrarrestar sus efectos paralizantes. Y, ¿cómo funciona la fisostigmina? Produce una oleada masiva del neurotransmisor acetilcolina al destruir la enzima que la elimina. Pero si se toma en exceso es muy tóxica, porque las neuronas se vuelven locas y acaban paralizando los órganos y produciendo asfixia.

En la actualidad, la **fisostigmina intravenosa** es el **antídoto** por excelencia de todas las **intoxicaciones por fármacos anticolinérgicos,** como la atropina o la escopolamina, porque contrarrestan su acción en el organismo. Además, sus derivados, la **galantamina y rivastigmina,** son la base de la **terapia de la enfermedad de Alzheimer.** Se ha visto que en esta enfermedad se destruyen principalmente neuronas de acetilcolina. Así que pensaron: ¡qué mejor que dar un fármaco que aumente los niveles de este neurotransmisor! Y efectivamente comprobaron que retrasaba el deterioro cerebral. No es mucho, pero algo es algo.

Gas sarín - Agentes nerviosos

Aunque os parezca increíble, el gas sarín, agentes nerviosos u **organofosforados,** que son las **armas químicas más letales** que ha producido el hombre, hacen exactamente lo mismo que la fisostigmina.

El gas sarín se descubrió en **1938,** intentando fabricar un **insecticida** más potente. Gracias a Dios, solo se ha utilizado en contadas ocasiones, sobre todo en ataques terroristas. Los más conocidos son los del metro de Japón en 1994 y 1995 por grupo Aum Shinrikyō.

Su mecanismo de acción es **aumentar la acetilcolina, inhibiendo la enzima que la destruye: la acetilcolinesterasa**. Para que nos hagamos una idea, es un insecticida para humanos que ataca al sistema nervioso. ¿Qué le pasa a una cucaracha cuando la rociamos con un insecticida? Lo primero, se pone a correr como loca, no puede parar de moverse. Después le empiezan a fallar las patas y se producen los espasmos, ya no tiene control sobre su cuerpo. A continuación se da la vuelta, quedándose bocarriba. Entran en la fase de parálisis y, más o menos dos días después, le empiezan a fallar los músculos respiratorios y mueren asfixiadas. Una auténtica tortura. Por lo menos, los gases nerviosos actúan en menos de quince minutos.

BÓTOX
TOXINA BOTULÍNICA

La parálisis del envejecimiento

Si hablamos de parálisis de músculos, seguro que te viene a la cabeza el famoso **Bótox,** un preparado a base de **toxina botulínica,** procedente de una bacteria llamada ***Clostridium botulinum.***

Pero ¿qué es eso de toxina botulínica? Es una sustancia que, como su propio nombre indica, es un veneno, que provoca una enfermedad llamada botulismo. El **botulismo** deriva del término «embutido», ya que antiguamente la forma más común de **envenenarse accidentalmente** era comiendo alimentos de este tipo mal preparados, o mal conservados. Esta enfermedad afecta al sistema nervioso, provocando una **parálisis progresiva de los músculos** que puede desencadenar en asfixia si no se trata a tiempo.

Inyectado, el bótox impide que los músculos faciales se contraigan y, al estar relajados, no aparecen tan marcadas las arrugas y las líneas de expresión. Por eso, cuando alguien se pasa con las inyecciones de bótox, pierde la expresión facial e incluso le cuesta hablar con normalidad. Como veis, es cierta esa frase de que «para estar guap@ hay que sufrir».

Además, resulta que esta toxina, tan útil para eliminar arrugas, es uno de los **venenos más letales conocidos.** De hecho, se usó como arma biológica durante la Segunda Guerra Mundial. Sin embargo, con una pequeña dosis, podemos hacer auténticas maravillas si sabemos dónde ponerla. Hoy en día, la **toxina botulínica** tiene muchas aplicaciones en la clínica: **tics nerviosos, estrabismo, migraña, bruxismo, espasmos, lumbalgia, sudoración excesiva, incontinencia urinaria**... una verdadera panacea.[1]

[1] Panacea: medicamento al que se le atribuye la propiedad de curar muchas enfermedades.

RICINO

De crecepestañas a purgante

El **ricino** es una mala hierba muy común, ***Ricinus communis* o higuera infernal,** que podemos encontrar en cualquier parte. De esta planta se extrae el famoso **aceite de ricino.** El responsable de sus innumerables propiedades es el ácido ricinoleico, que es un ácido graso omega-9. Se utiliza en **cosmética natural,** puesto que es un excelente hidratante, antiinflamatorio y antioxidante, por lo que se utiliza para proteger la piel, nutrir el cabello, **aumentar la densidad de las pestañas y fortalecer las uñas.** Sin embargo, su uso más extendido es el **alivio del estreñimiento.** El ácido ricinoleico es capaz de acumular agua en el intestino e irritarlo, para acelerar el proceso de la defecación.

La temible ricina

El ricino es más complejo aún, porque sus semillas contienen ricina, que es una auténtica arma letal. De hecho, se considera un arma biológica. La **ricina** es una de las **toxinas más potentes** conocidas por el hombre. Provoca un cuadro de vómitos, cólicos y diarrea sanguinolenta que daña los órganos y que puede provocar la muerte. Más o menos los mismos síntomas que produce el cólera.

Aunque se conocía su toxicidad, no fue hasta la Primera Guerra Mundial, cuando **se intentó usar como arma biológica,** fabricando bombas con polvo de ricina (componente W).

Ha habido numerosos intentos de envenenamiento con ricina, sobre todo por carta, muy popular en la primera década de este siglo.

El episodio más llamativo fue la muerte del disidente político búlgaro Georgi Markov, que fue tan espectacular que podría aparecer en una película de 007. Utilizaron un paraguas-pistola, para dispararle con un proyectil impregnado con ricina y acabaron con su vida. Pero tranquilos. Aunque se considere un arma biológica, y sea una sustancia peligrosa, no es nada comparado con otras como el ántrax. Aunque sea muy fácil de conseguir, **la ricina se estropea con mucha facilidad** y deja de funcionar. Eso sí, no probéis a comer frutos de plantas que no sepáis que son... ¡Por si acaso!

AGENTE NARANJA Y DIOXINAS

El defoliante venenoso

Hablando de armas biológicas y envenenamientos, es importante mencionar el **agente naranja.** Aunque no es un veneno extraído directamente de una planta, funciona como un **herbicida extremadamente eficaz.** Consiste en una combinación de dos sustancias: el 2,4-D (ácido 2,4-diclorofenoxiacético) y el 2,4,5-T (ácido 2,4,5-triclorofenoxiacético), que actúan como **hormonas de crecimiento en las plantas.** Su efectividad es tan notable que las plantas mueren de manera rápida e impresionante al ser incapaces de crecer a ese ritmo.

Durante la **guerra de Vietnam** (1955-1975), el ejército estadounidense utilizó el agente naranja como un **arma biológica,** rociando alrededor de cincuenta millones de litros de este compuesto en todo el país. Su objetivo era **eliminar los densos bosques** que servían de refugio para los guerrilleros vietnamitas, y lo lograron, destruyendo miles de hectáreas de vegetación.

Lo impactante es que, además de ser tóxico para las plantas, **también afecta a seres humanos y animales.** El agente naranja contenía trazas de una **dioxina** extremadamente **tóxica:** el **TCDD** (2,3,7,8-tetraclorodibenzo-p-dioxina), que se generaba en su proceso de fabricación. Aunque esta dioxina estaba presente en una proporción mínima, la enorme cantidad de agente naranja aplicada generó graves problemas. El TCDD es altamente **cancerígeno y teratógeno,** causando malformaciones en los fetos. Se estima que entre dos y cuatro millones de personas murieron envenenadas, y que un millón de personas nacieron con malformaciones debido al uso de esta arma biológica. Además, el TCDD es increíblemente estable en la naturaleza y tarda mucho en descomponerse, lo que significa que el terreno sigue contaminado, afectando a todo el ecosistema.

¿Qué son las dioxinas?

Las dioxinas son una familia de más de cuatrocientos compuestos **organoclorados** altamente tóxicos que se forman como subproductos no deseados en la fabricación industrial de otras sustancias. Son persistentes en el medioambiente y se acumulan en los tejidos grasos de los animales, afectando a la cadena alimentaria. Los seres humanos entran en contacto con ellas a través de alimentos como productos lácteos, carne, pescado y mariscos. Se calcula que el tiempo hasta que se reduce a la mitad su concentración en el cuerpo humano es de siete a once años. La exposición crónica a las dioxinas puede causar una variedad de problemas de salud, incluidos diversos tipos de cáncer y malformaciones fetales.

Un ejemplo de la peligrosidad de las dioxinas es el caso de Viktor Yúshchenko, líder de la oposición ucraniana, quien fue envenenado en 2004. Aunque inicialmente se pensó que era una intoxicación alimentaria, exámenes posteriores revelaron una concentración extremadamente alta de dioxinas en su sangre. A pesar de sobrevivir al atentado, quedó desfigurado por el cloroacné, una condición crónica y persistente.

A pesar de esto, estos compuestos también fueron utilizados en medicina para luchar contra algunas enfermedades. Se utilizó el **DDT (Dicloro-Difenil-Tricloroetano)** en la segunda mitad del siglo XX, para acabar con los **mosquitos vectores de la malaria.** Era muy eficaz: se aplicaba en interiores para rociar paredes y techos, así como en exteriores para rociar áreas propensas a la cría de mosquitos. Esta estrategia **ayudó a reducir** significativamente la incidencia de la **malaria** en muchas partes del mundo, especialmente en áreas tropicales y subtropicales donde la enfermedad era endémica. Sin embargo, a medida que se vieron los efectos negativos del DDT en el medioambiente y la salud humana, **su uso fue prohibido o restringido** en la mayoría de los países.

CIANURO

La manzana de Blancanieves

No todo lo natural es sano o inocuo, y el cianuro es uno de los mejores ejemplos. Imagínate que **el cianuro** (un polvo blanco muy tóxico o un gas incoloro con un ligero **olor a almendras amargas**) es como un espía infiltrado que se cuela en nuestro cuerpo y le arruina la fiesta a nuestras células. Se aprovecha del oxígeno que respiramos y no deja que las células lo utilicen para hacer energía en las mitocondrias. Es como si nos estuviera asfixiando a nivel celular.

Como ya hemos comentado antes, las plantas son más listas de lo que pensamos. Ellas descubrieron el gran potencial del cianuro y lo utilizaron a su favor para impedir ser devoradas. Este tipo de plantas, que se llaman cianogénicas, producen un compuesto de cianuro que se acumula en sus semillas. Pero no te creas que son plantas exóticas. No, no, seguro que tienes alguna acechando en tu frigorífico. Por ejemplo, las **manzanas,** los melocotones, los albaricoques, las almendras, las nueces e incluso los garbanzos vienen de plantas cianogénicas.

Y ahora me gustaría que pensarais en la película de ***Blancanieves.*** Solo un mordisco de **manzana roja** bastó para que la princesa se intoxicara y se sumiera en un profundo sueño. ¿Quizá Blancanieves fue envenenada con cianuro? Nunca lo sabremos, pero se cree que los hermanos Grimm pudieron inspirarse en esta sustancia (que hace perder rápido la consciencia) para escribir *Blancanieves.* En ese caso, está claro que el príncipe no solo le dio un beso para despertarla, también le tuvo que inyectar **hidroxicobalamina (vitamina B12)**, hoy día el **antídoto más utilizado en intoxicaciones por cianuro.**

Pero no te preocupes por consumir manzanas. En el ser humano, haría falta una cantidad altísima de **semillas de manzana** para comenzar a notar sus efectos negativos.

El paracetamol envenenado

A finales del año **1982,** en Chicago, **murieron siete personas,** aparentemente sanas, en extrañas circunstancias. Además, tres de ellas pertenecían a la misma familia. ¿Su único vínculo? Habían tomado una cápsula de paracetamol de una marca estadounidense muy conocida horas antes de su fallecimiento. El paracetamol en cuestión se vendía sin receta en frascos de cápsulas que se podían manipular. Al inicio de la investigación, se pensó que podría tratarse de un error en la fabricación, pero rápidamente esa hipótesis se descartó. Fue pura maldad. Un asesino anónimo había adulterado el paracetamol añadiendo **cianuro** y distribuido las cápsulas por los diferentes supermercados de la zona. En aquel momento se desató el pánico colectivo. El fabricante del paracetamol, aunque no tenía culpa de lo sucedido, se implicó en solucionar el problema y ordenó la retirada de todos los productos que podían estar adulterados y lanzó una campaña de advertencia para que los ciudadanos no consumieran el paracetamol que tenía en sus casas.

Nunca se encontró al asesino

Todo esto dio lugar a una gran **mejora en la seguridad del cierre de los envases de medicamentos,** para saber cuándo han sido manipulados y que no quede lugar a dudas. Ahora, los medicamentos vienen protegidos con distintos dispositivos de seguridad, como cajas con solapas pegadas, anillos de plástico alrededor del cuello del frasco o sellos de aluminio. Esta historia real también puede servirnos para ser más conscientes del peligro de comprar de manera ilegal ciertos fármacos en canales no oficiales como Internet. Gracias a Dios, no hay tanto asesino suelto, pero al comprar medicamentos en canales no oficiales de distribución, puede que lo que nos estemos tomando no sea realmente lo que creemos, o que venga en menor cantidad de la que pone para sacar más beneficio económico.

Zyklon B® – El veneno de las cámaras de gas

El **Zyklon B®** era la **marca comercial de un pesticida muy potente** a base de **cianuro** que se almacenaba **en latas.**

Inicialmente, a finales del siglo XIX, se empleó para **fumigar plantaciones** estadounidenses, pero más tarde, este veneno fue utilizado para **higienizar trenes, barcos y almacenes,** que estaban plagados por criaturas no deseadas. Así que no es sorprendente que el Zyklon B® hiciera su aparición en los **campos de concentración alemanes,** donde una epidemia de tifus **causada por pulgas y piojos** se propagaba rápidamente entre los prisioneros que vivían en condiciones inhumanas e insalubres.

Todos conocemos la terrible historia de asesinatos que esconden los campos de concentración nazis en la Segunda Guerra Mundial. Su objetivo: llevar a cabo la **solución final,** un eufemismo para el genocidio del pueblo judío. Con el tiempo apremiando durante la guerra, recurrieron al Zyklon B® que tenían almacenado para optimizar el proceso y aumentar el número de víctimas. Las cámaras de gas eran habitaciones selladas con unas tuberías agujereadas que estaban conectadas al exterior por el tejado. Desde el tejado, se abrían las latas y se echaba su contenido, una especie de gránulos, a la tubería. Rápidamente, sublimaba y al reaccionar con la humedad del ambiente daba lugar a **cianuro de hidrógeno gas,** también llamado **ácido prúsico,**[1] que era inhalado por las víctimas, produciendo una **muerte agónica** que podría durar entre **diez minutos y una hora.**

1 El cianuro de hidrógeno fue aislado por primera vez desde el tinte azul de Prusia. Por eso se le denomina ácido prúsico. El cianuro viene del griego kyanos, azul oscuro.

Cianuro en medicina: nitroprusiato sódico

Como ya nos vamos dando cuenta, *La dosis hace al fármaco... o al veneno.* En este caso, el cianuro también se utiliza como metabolito de un fármaco a dosis bajas, en el principio activo **nitroprusiato sódico** o nitroferrocianuro. El nitroprusiato sódico es un **tratamiento para crisis hipertensivas e hipertensión maligna refractaria** a otros tratamientos. Se llama nitroprusiato, porque deriva del ácido prúsico o cianuro de hidrógeno.

En su metabolismo, este **antihipertensivo** se transforma rápidamente en cianuro y luego en tiocianato. Al producirse esta transformación, hay que controlar la frecuencia cardiaca, el equilibrio ácido-base y la concentración sanguínea de cianuros. Por eso, solo **se utiliza por vía intravenosa** en los hospitales. Para **evitar los efectos indeseables del cianuro,** se suele administrar junto con la **vitamina B12, la cianocobalamina.**

Vitamina B12, antídoto de las borracheras y del cianuro

La **cianocobalamina**, conocida como **vitamina B12,** es una sustancia que contiene cianuro y cobalto. Sin embargo, el cianuro está unido a la vitamina B12, de tal manera que no representa un peligro para el ser humano.

Esta vitamina es crucial para el desarrollo normal de los tejidos y desempeña un papel vital en la síntesis de bases para el ADN, así como en la maduración de las células sanguíneas. La **deficiencia de vitamina B12** puede manifestarse primero como **anemia,** debido a la **incapacidad de producir glóbulos rojos** de forma adecuada, seguida de problemas nerviosos, visuales, psiquiátricos e incluso demencia.

Cuando alguien tiene un **coma etílico,** siempre hemos escuchado que se le administra la **vitamina B12.** Pues bien, esto no es del todo cierto. Ante una intoxicación etílica, se administra un **preparado de vitaminas del complejo B**, como la **vitamina B1** (tiamina) y la **vitamina B6** (piridoxina), **para tratar el alcoholismo crónico,** ya que estas vitaminas suelen ser deficientes en personas con este trastorno. Sin embargo, su suplementación **no proporciona alivio inmediato,** sino que puede contribuir a la recuperación a largo plazo y prevenir la **encefalopatía de Wernicke**, una complicación grave asociada al alcoholismo.

Además, la **vitamina B12** se utiliza como **antídoto en intoxicaciones por cianuro,** como en el Cyanokit®, debido a su capacidad para unirse al cianuro y **formar un compuesto estable y no tóxico que se elimina por la orina.** Estas intoxicaciones suelen ocurrir por inhalación de humo en incendios en espacios cerrados, exposición al cianuro de hidrógeno y sus derivados, o el uso médico de nitroprusiato de sodio.

CAPÍTULO 3

ANTIINFECCIOSOS

ÓXIDO DE ZINC

No hay tutía

¿Cuántas veces has oído la expresión: «no hay tutía»? Posiblemente, siempre hayas pensado que se trataba de cuatro palabras, **no hay tu tía,** y que esto tenía algo que ver con la hermana de tu madre o de tu padre, pero nada más lejos de la realidad. Esta expresión significa que algo **no tiene remedio** o que alguien no quiere cambiar de opinión o de manera de actuar a pesar de los argumentos que se le den.

La palabra **tutía** es un acortamiento fonético, una economía del lenguaje de la palabra **atutía.** ¿Y qué es la atutía entonces? Pues se trata de un **ungüento de origen árabe** que se elaboraba a base de **hollín de óxido de zinc,** para tratar afecciones oculares. El óxido de zinc es un polvo blanquecino con **propiedades antibacterianas**, por lo que era perfecto en **infecciones oculares o dermatológicas**. Un remedio muy popular de la época al alcance de todos en su botica de confianza. Es por eso por lo que cuando no quedaban más existencias de óxido de zinc, el farmacéutico decía: «no hay atutía», refiriéndose a que ya no había más remedio. Esta expresión ha perdurado hasta el día de hoy, pero muy pocos conocen su significado real.

LO SIENTO, NO HAY ATUTÍA.
HOY NO ME QUEDA.

SALVARSÁN

La primera «quimioterapia»

Generalmente, asociamos la palabra **quimioterapia** con el **tratamiento del cáncer.** Sin embargo, la quimioterapia es el uso de sustancias químicas para tratar diversas enfermedades. Originalmente, el término **quimioterapia se acuñó como sinónimo de tratamiento antibacteriano.** Fue mucho más adelante cuando se popularizó su uso como equivalente a tratamiento contra el cáncer.

El descubrimiento de los microorganismos no se produjo hasta el **siglo** XVII con la **invención del microscopio**, ya que su tamaño los hacía invisibles a simple vista. Antes de este avance, se creía en la teoría de la **generación espontánea** para explicar la putrefacción de la materia orgánica. No fue hasta mediados del **siglo** XIX cuando se comprendió que las **enfermedades infecciosas eran causadas por microorganismos,** desechando la creencia que se tenía del castigo divino. Louis Pasteur expresó la importancia de lo microscópico al afirmar: «Lo infinitamente pequeño puede tener un papel infinitamente grande».

La bala mágica contra la sífilis

Paul Ehrlich, en 1910 era un médico que se dedicaba a **teñir células.** Gracias a este meticuloso trabajo, pudo observar que **no todas las células se teñían de la misma manera.** Unas absorbían más tinte que otras, dando distintas tonalidades. Pensó que podría ser un buen método para **atacar a las células enfermas sin afectar a las sanas.** Sus palabras fueron: «Si puedes manchar una enfermedad, puedes envenenarla. Si la puedes envenenar, la puedes erradicar del cuerpo». Como os imaginaréis, fue todo un visionario.

Pero antes de sumergirnos en su innovadora **bala mágica contra la sífilis,** es importante entender el contexto de la época. La **sífilis** se había convertido en una **epidemia devastadora**, dando lugar a curiosos inventos como los **Merkins, pelucas púbicas** utilizadas por prostitutas para **disimular los signos de la enfermedad** con sus clientes. Además, como no había un tratamiento efectivo, la enfermedad evolucionaba a su última fase: la **formación de gomas,** antes de provocar la muerte. Estas gomas eran como grandes granos de tejido muerto que supura un líquido viscoso. Para colmo, solían salir en la nariz, produciendo **graves deformidades en la cara** al, literalmente, hacerla desaparecer. Había tanta gente con este problema que el uso de prótesis de nariz era de lo más habitual. Las **cirugías para reconstruir narices,** como la realizada en **1597,** marcaron los primeros pasos de lo que hoy conocemos como **cirugía estética.**

La sífilis llevaba siglos matando sin piedad. Se habían probado muchos remedios, entre ellos el **mercurio y el arsénico,** que acababan con la sífilis, pero también con el enfermo. Era peor el remedio que la enfermedad. En medio de este panorama, Ehrlich se propuso encontrar una solución, **intentando que el arsénico solo matara a las bacterias** de la sífilis y no al paciente. Experimentando con **compuestos que contenían arsénico,** descubrió el milagroso compuesto número 606 (como veis fue muy constante hasta que lo encontró): la **arsfenamina, o salvarsán.** Este fármaco fue **el primero diseñado específicamente para tratar una enfermedad,** y su efectividad lo convirtió en la **bala mágica contra la sífilis,** por su precisión en **disparar atacando a la enfermedad** sin dañar al paciente.

El legado de Ehrlich no se detuvo ahí. Su descubrimiento allanó el camino para la **investigación de más de cien compuestos antibióticos,** cada uno con su propio enfoque en combatir las bacterias. El salvarsán fue el **principal tratamiento contra la sífilis** hasta que la **penicilina** apareció a finales de la **Segunda Guerra Mundial.**

COMPUESTO N.606
SALVARSÁN

PENICILINA

El inicio de la era antibacteriana

El **descubrimiento de la penicilina G** marcó un antes y un después en la medicina. Antes de que existiera este fármaco, no había tratamientos eficaces contra **infecciones comunes** como neumonías, sífilis, gonorrea o fiebre reumática. Se estima que la penicilina ha salvado más de **doscientos millones de vidas** desde su primera administración en la década de 1940.

Alexander Fleming fue un médico escocés que trabajó para el Ejército Real Británico durante la **Primera Guerra Mundial.** Observó que **se morían** más pacientes **a causa de las infecciones de las heridas** de guerra, que por las lesiones producidas por las armas. Tras la guerra, Fleming dedicó su trabajo a la **investigación bacteriológica** que tanta curiosidad le había despertado.

La historia más icónica se remonta a **1928,** cuando al regresar al laboratorio, después de sus vacaciones de verano, Fleming detectó en una placa de agar **sembrada con bacterias** a un huésped no deseado, el **hongo *Penicillium.*** Contempló que **alrededor del hongo las bacterias no crecían,** debido a que el hongo liberaba **penicilina,** una **sustancia tóxica para las bacterias,** pero no para sí mismo.

Este hallazgo se publicó en 1929 en una revista médica, pero **no despertó gran interés.** Una década más tarde, Howard Florey y Ernst Chain **aislaron y purificaron la penicilina G a partir del hongo** (cosa que Fleming no había conseguido hacer). La importancia de sus conclusiones tomó valor y pudieron comprobar las propiedades antibióticas de la penicilina durante el periodo de guerra. Podemos decir que Alexander Fleming fue una de las figuras más relevantes del siglo XX.

Y… ¿por qué los antibióticos no son tóxicos para los humanos? La razón radica en las **diferencias estructurales** y de desarrollo entre **bacterias, hongos y animales.** Por ejemplo, las **bacterias** tienen una **envoltura** única llamada **pared bacteriana.** Los hongos aprovechan estas diferencias para **atacar selectivamente a las bacterias sin afectar a otros organismos.** Como los humanos también somos distintos a las bacterias, con poca dosis de antibiótico podemos destruirlas, sin matar a la persona en cuestión. Sin embargo, **las bacterias pueden desarrollar resistencia a los antibióticos,** lo que requiere el desarrollo de nuevos fármacos para combatirlas.

ZIDOVUDINA
AZT

La salvación de una muerte segura por VIH

En la década de 1950, los científicos investigaban compuestos que pudieran **inhibir la síntesis del material genético,** experimentando con modificaciones en las bases nitrogenadas del ADN. En 1964, en Detroit, se realizó una **modificación en la timina** que dio como resultado el desarrollo de un compuesto conocido como **azidotimidina, AZT o zidovudina.**

Inicialmente, el AZT fue desestimado por su **falta de eficacia en el cáncer de ratones,** lo que llevó a suponer que tampoco sería efectivo en humanos. Sin embargo, durante las investigaciones con roedores, se observó su **actividad contra el retrovirus de la leucemia murina.** Dado que no se conocía ningún retrovirus que afectara a los seres humanos, el **compuesto quedó en el olvido.**

Sin embargo, todo cambió con la aparición de **la pandemia del síndrome de inmunodeficiencia adquirida (SIDA) en 1981,** que causó millones de muertes en todo el mundo. La organización estadounidense de vigilancia y prevención de enfermedades informó sobre una forma **rara de neumonía entre jóvenes homosexuales** de California. Más tarde, se notificaron las mismas infecciones oportunistas entre consumidores de **drogas inyectables** y en **personas transfundidas.** Los diarios de la época hablaban de un «raro cáncer» que afectaba a los homosexuales. La enfermedad todavía no tenía nombre. Después de tres años de investigación, **se identificó al virus de la inmunodeficiencia humana (VIH)** como la causa de esta enfermedad. Dado que el VIH es un **retrovirus** similar al de la **leucemia murina,** los científicos decidieron probar el **AZT** en ensayos clínicos para tratar esta infección. En **1987, se aprobó el AZT como el primer fármaco eficaz capaz de controlar la infección por VIH.**

La película *Dallas Buyers Club,* protagonizada por Matthew McConaughey, relata los primeros días de la AZT y los desafíos para obtenerla.

Esta historia ejemplifica cómo la investigación científica puede llevar mucho tiempo para dar frutos. En este caso, **pasaron veinte años** antes de que se reconociera la **utilidad de un fármaco** que ha salvado millones de vidas.

En la actualidad, el **AZT o zidovudina** se utiliza en hospitales de todo el mundo, principalmente para **prevenir la transmisión materno-fetal durante el parto por vía intravenosa.** Sin embargo, para el tratamiento del VIH, se prefieren otros fármacos antirretrovirales debido a sus menores efectos adversos y mayor eficacia en combinación.

CAPÍTULO 4

QUIMIOTERAPIA

EL TRATAMIENTO CONTRA EL CÁNCER

¿Por qué llamamos cáncer a ese conjunto de enfermedades? La palabra **cáncer** proviene del griego, de la palabra ***karkinos,*** que significa, **cangrejo.** También hay teorías que creen que puede guardar relación con el término sánscrito ***karkah,*** que también significa cangrejo y cuya raíz: kar-, **se utiliza para describir cosas duras** (como el caparazón del cangrejo).

Durante siglos, **el cáncer** ha sido un misterio temido por la humanidad, que ha desafiado los límites de la ciencia médica. La búsqueda de tratamientos efectivos ha sido una odisea marcada por el ingenio.

GAS MOSTAZA MECLORETAMINA

De arma química a tratamiento contra el cáncer

Aunque parezca impensable, la **quimioterapia anticancerígena** está estrechamente relacionada con los **gases tóxicos utilizados en la Primera Guerra Mundial.**

Se utilizaron varios tipos de gases para asfixiar y neutralizar al enemigo, como el cloro, fosgeno y el gas mostaza, del cual hablaremos en detalle. El **gas mostaza,** también conocido como mostaza nitrogenada o agente vesicante, recibe este nombre debido a su **olor similar al de la mostaza** y su capacidad de **causar ampollas en la piel.** Si la exposición al gas era leve, los síntomas eran leves, como conjuntivitis, náuseas, vómitos y pequeñas lesiones irritativas en la piel. Sin embargo, si el paciente sobrevivía a una gran cantidad de gas mostaza o se producía una exposición crónica, por ejemplo, los trabajadores de las fábricas, podían aparecer **la alopecia y la aplasia medular.** La aplasia medular se refiere a la **falta de funcionamiento de la médula ósea,** donde se forman los componentes de la sangre, lo que lleva a una disminución grave de los glóbulos rojos, glóbulos blancos y plaquetas. Estos últimos efectos adversos ya nos suenan más a los que provoca la quimioterapia actual, ¿verdad?

Cuando los médicos de la época comenzaron a tratar a los heridos por gas mostaza, descubrieron la **conexión con la aplasia medular.** Pensaron que esto podría ser **útil en el tratamiento de** pacientes con **leucemias y linfomas,** quienes presentan un exceso de glóbulos blancos en sangre. En 1942, decidieron probar la administración de una mostaza nitrogenada a baja dosis, llamada **mecloretamina,** en un paciente con linfoma. El resultado fue impresionante, ya que **el tamaño del tumor se redujo** de manera espectacular. Desafortunadamente, poco tiempo después, el tumor volvió a crecer.

A pesar de parecer algo anticuado, **las mostazas nitrogenadas aún se utilizan** en la actualidad como parte del proceso de **preparación** previo a un **trasplante de médula.** Se emplean para eliminar todas las células malignas y lograr la curación. Es como utilizar un lanzallamas, extremadamente efectivo, pero también peligroso. Sin embargo, es importante recordar que la principal limitación de la quimioterapia convencional radica en su **falta de especificidad,** ya que no solo mata a las células malignas, sino también a las sanas. La quimioterapia afecta a otras células y tejidos normales del organismo, especialmente aquellas en división activa.

ÁCIDO FÓLICO METOTREXATO

Héroe y villano

El ácido fólico (vitamina B9) es un compuesto imprescindible para fabricar proteínas y ADN en seres humanos. Interviene en todos los tejidos y especialmente en los que crecen de manera rápida. La **falta de ácido fólico** hace que se produzca una **síntesis defectuosa de ADN** en cualquier célula que intenta replicarse. El primer signo de que falta esta vitamina es la **anemia,** ya que la médula ósea, es el tejido con mayor división celular.

Para intentar **curar la leucemia**, se administró ácido fólico a un grupo de pacientes y contra todo pronóstico: **empeoraron.** El ácido fólico hacía que creciera más rápido el tumor. Esta paradoja alentó a los investigadores a fabricar una sustancia que se pareciera al ácido fólico, pero que parase la producción del ADN. Así lo hicieron. Crearon el **hermano malo** del ácido fólico, **el metotrexato.** Un fármaco muy parecido, pero no igual, que **engaña a las enzimas encargadas de hacer ADN, estropeándolas.** El metotrexato bloquea las enzimas que dependen del ácido fólico, actuando como un obstáculo en un engranaje, y así surgen **los antimetabolitos**, un avance crucial en el **tratamiento del cáncer.**

Probaron a administrar el metotrexato a niños con leucemia y fue todo un éxito. Se produjeron las primeras mejoras, demostrando que el metotrexato podía parar el cáncer, al impedir su multiplicación. La efectividad del metotrexato marcó el inicio de su uso generalizado en el **tratamiento de linfomas y** en la reducción de la actividad del sistema inmune en **enfermedades como la artritis reumatoide**.

El descubrimiento del metotrexato no solo fue un hito en la historia de la medicina, sino que también allanó el camino para la **investigación de otros compuestos que interrumpen el ciclo celular.**

Esta búsqueda llevó al descubrimiento de una serie de fármacos, como el **5-fluorouracilo,** citarabina, capecitabina, gemcitabina, 6-mercaptopurina, cladribina y fludarabina, todos ellos ampliamente utilizados en la terapia contra el cáncer en la actualidad.

RETINOL (vitamina A) TRETINOÍNA

Del *skincare* al tratamiento del cáncer

Puede que os sorprenda encontraros a los retinoides en el capítulo del cáncer, pero ahora vais a entenderlo todo.

El retinol es el compuesto de moda en la rutina del *skincare.* Es un ingrediente activo que se utiliza en cosmética para **tratar el envejecimiento prematuro y el acné.** El retinol es un **derivado de la vitamina A.** ¿Y de dónde viene el nombre de retinol? Viene de **retina,** esa parte del ojo sensible a la luz que se encuentra en la parte posterior del globo ocular y nos permite ver.

La vitamina A es una sustancia fundamental para que el cuerpo funcione correctamente. Tiene muchas funciones como el crecimiento y desarrollo de los tejidos, el sistema inmunitario, pero sobre todo es esencial para la visión. El **déficit de vitamina A** provoca que la retina no sea capaz de producir los pigmentos necesarios, apareciendo como primer síntoma la **ceguera nocturna.** Con el tiempo la córnea también se estropea y da lugar a una ceguera irreversible. Es por eso por lo que la falta de vitamina A es la causa más frecuente de ceguera en países subdesarrollados.

Otro **síntoma de su deficiencia** es que **la piel se vuelve escamosa y seca.** En esto se basaron para probarlo como producto cosmético en la piel, acertando por completo, ya que mejora de manera significativa su textura, **aumenta la renovación celular,** la **producción de colágeno y frena los signos de la edad.**

Diferentes derivados de la vitamina A, como la **tretinoína y la isotretinoína oral,** se utilizan para **acabar con las formas graves de acné** resistentes a otros tratamientos. Estos medicamentos requieren de especial control médico, ya que pueden provocar efectos adversos graves en el hígado y el sistema inmune, además de ser **teratógenos.**[1]

Y aquí viene la **relación de la vitamina A y el cáncer.** La tretinoína se utiliza también para **tratar la leucemia promielocítica aguda.** En esta enfermedad, se produce un exceso de glóbulos blancos inmaduros que se acumulan en la médula ósea. La tretinoína causa una **disminución notable en la cantidad de las células tumorales,** y por lo general, posteriormente se da una remisión del cáncer. Como veis, un principio activo todoterreno.

---

[1] Teratógeno: sustancia capaz de provocar malformaciones en el feto

TALIDOMIDA

El mayor desastre de la industria farmacéutica

Hablando de medicamentos teratógenos, tenemos que comentar la mayor catástrofe mundial causada por un fármaco, el caso **talidomida**.

Este fármaco se comercializa en los años cincuenta como un sedante más seguro que los barbitúricos y como remedio para las **náuseas y vómitos en mujeres embarazadas.** ¿La base de su seguridad? Que una sobredosis no resultaba mortal y que los **experimentos realizados en ratas embarazadas no tenían efectos negativos en sus fetos,** por lo que extrapolaron que eran seguros en el embarazo humano.

Se comercializó en más de cuarenta países, excepto en Estados Unidos. Este país tuvo mucha suerte, ya que una técnico de la FDA, no se conformó con los datos de seguridad aportados y retrasó su autorización. Eso sí, tuvo que soportar fuertes presiones de la industria, que cada día perdía muchísimo dinero con el retraso. En este tiempo comenzaron a nacer en Europa muchos **niños con focomelia**, una **malformación fetal** que consiste en la **ausencia de brazos o piernas**, quedando el miembro reducido a un **muñón.**

Este desastre puso de relieve los riesgos asociados a los medicamentos y llevó al establecimiento de **protocolos de seguridad** y sistemas de **vigilancia farmacéutica.**

A pesar de su oscuro pasado, la talidomida encontró una segunda oportunidad como **tratamiento para el mieloma múltiple,** un tipo de cáncer sanguíneo. La talidomida tiene la capacidad de inhibir el crecimiento y aumentar la muerte de las células tumorales.

Por supuesto, ahora hay programas de educación para garantizar que se administre de manera segura y que ningún feto padezca sus efectos secundarios.

Además, la talidomida fue el punto de partida para crear una nueva familia de fármacos revolucionarios en el campo de la **oncohematología**, incluyendo la **lenalidomida** y la **pomalidomida**.

ANTRACICLINAS ANTITUMORAL DE ORIGEN BACTERIANO

Doxorrubicina. El rubí de la oncología

Se planteó la pregunta: **si las bacterias pueden generar compuestos para enfrentar diversas amenazas, ¿podrían también destruir las células cancerosas?**

En la década de 1950, un equipo de investigadores italianos se embarcó en una misión para descubrir **sustancias antitumorales producidas por microorganismos.** Tras aislar cepas de varias bacterias, encontraron una en particular, ***Streptomyces*, que producía una sustancia de un rojo intenso.** Esta sustancia, bautizada como **daunorrubicina** en referencia al **color de los rubíes,** demostró ser un **antibiótico con actividad antitumoral** al inhibir la enzima responsable de la torsión y desenrollado del ADN, la **topoisomerasa.**

En la década de **1960,** se iniciaron ensayos clínicos para **tratar leucemias en humanos,** pero surgieron complicaciones: la **daunorrubicina resultó ser altamente tóxica para el corazón,** por lo que se descartó su uso. Sin embargo, los científicos perseveraron y mediante modificaciones, desarrollaron un nuevo compuesto, la **adriamicina**, en honor al **mar Adriático.** Curiosamente, la comunidad científica la rebautizó como **doxorrubicina**, y ahora se utilizan **los dos nombres** indistintamente, volviéndonos locos a todos.

La **doxorrubicina**, este rubí rojo de la oncología, se ha convertido en un pilar fundamental en el **tratamiento** de una amplia gama de **tumores,** tanto en sólidos como el **cáncer de mama** como en hematológicos **(leucemias y linfomas),** combinado con otros medicamentos.

COMPUESTOS DE PLATINO
ANTITUMORAL DE ORIGEN MINERAL

Serendipia en la quimioterapia

En el amplio mundo de la quimioterapia, los **descubrimientos accidentales** han jugado un papel muy significativo. Uno de los casos más llamativos es el de los **compuestos de platino** (cisplatino, carboplatino, oxaliplatino).

En **1965,** durante una investigación sobre el comportamiento **bacteriano bajo un campo eléctrico,** los científicos observaron que las **bacterias dejaban de dividirse al entrar en contacto con un electrodo de platino**. Este fenómeno **no se debía a la presencia de una corriente eléctrica** en sí, **sino por el** electrodo de **platino.** Se acabó descubriendo que el agente responsable era el **cisplatino** diluido. Surgió entonces la hipótesis de que **si este compuesto podía detener la división celular, podría frenar el crecimiento de las células tumorales.**

Los experimentos posteriores confirmaron esta teoría: **el platino, al intercalarse con las hebras de ADN y obstaculizar su función, provocaba la muerte de las células malignas.** En 1978, la Administración de Alimentos y Medicamentos (FDA) de Estados Unidos aprobó el **cisplatino** para el **tratamiento del cáncer de ovario y testículo.** Este descubrimiento ha sido tan trascendental que hoy en día sigue siendo el tratamiento para estos tipos de cáncer.

A pesar de su eficacia, el cisplatino tiene un lado oscuro: es uno de los fármacos que **más náuseas y vómitos provoca** y puede **dañar los riñones,** por lo que su uso debe ser cuidadosamente controlado.

FLORA CITOTÓXICA ANTITUMORALES DE ORIGEN VEGETAL

¿Cuántas veces hemos escuchado la recomendación de **optar por productos naturales en lugar de medicamentos,** sin reconocer que la mayoría de los fármacos provienen precisamente de plantas?

En la década de **1950,** mientras se exploraban los suelos en busca de fármacos antitumorales, también dirigieron las miradas hacia el **reino vegetal,** que ha sido durante mucho tiempo **la base de la medicina.** Se analizaron casi **quinientas sustancias de plantas,** algunas conocidas desde la antigüedad, con el objetivo de demostrar en laboratorio sus **propiedades antitumorales** y llevar a cabo ensayos clínicos con los compuestos resultantes, fusionando así la medicina tradicional con la ciencia moderna. A continuación encontraréis algunas de las más curiosas:

Podófilo - De las verrugas al cáncer

El **etopósido**, extraído de la planta venenosa ***Podophyllum,*** actúa **dañando el ADN** y desencadenando la muerte celular. Aunque esta planta ha sido muy conocida por sus **efectos corrosivos en la piel,** mítico antiverrugas. Se descubrió su potencial para tratar otros tipos de tumores, convirtiéndose en uno de los principales quimioterápicos utilizados en el **cáncer de pulmón.**

CÁNCER

Vinca - Hermosa y mortal

Los **alcaloides de la vinca**, extraídos del **arbusto *Catharanthus roseus* o Vinca,** planta superconocida en floristería por su belleza, son capaces de detener la división celular actuando como **inhibidores de microtúbulos**. Estos compuestos, como la **vincristina, la vinblastina y la vinorelbina,** interfieren con el proceso de división celular al unirse a la tubulina, y son ampliamente utilizados en el **tratamiento del cáncer de pulmón y de los linfomas**. Sin embargo, su potencia es tal que una sola dosis mal administrada puede ser letal, ya que **destruyen masivamente las células de la médula ósea.**

Tejo – Alopecia inevitable

Uno de los descubrimientos más importantes de la quimioterapia proviene del **paclitaxel** (1993), extraído de la **corteza del Tejo americano o *Taxus brevifolia*.** Esta familia de compuestos, que incluye el **paclitaxel,** el **docetaxel y el cabazitaxel,** estabiliza los microtúbulos y promueve su proliferación, lo que estropea la división celular. Aunque son muy **efectivos en el tratamiento del cáncer de mama,** su efecto secundario más característico y temido es la **caída del pelo,** convirtiéndose en un **símbolo de la lucha contra esta enfermedad.**

CAPÍTULO
5

DROGAS RECREATIVAS

EFEDRINA ANFETAMINA

Positivo en dopaje por antigripales

La **efedrina** es otro valioso alcaloide aislado de algunas plantas. Esta sustancia se encuentra en la *Ephedra distachya,* utilizada ampliamente en la medicina tradicional china para **tratar el asma y aliviar la congestión nasal causada por resfriados y alergias.** Es posible que su descubrimiento fuera casual, al quemar o hervir estas plantas. Al acercarse a la olla caliente, se creaban vapores que facilitaban la respiración, notando rápidamente que sus pulmones se abrían. No les faltaba razón: en la actualidad se utiliza como **fármaco broncodilatador.**

Pero... ¡Sorpresa! La molécula de efedrina **se parece mucho a las anfetaminas,** lo que ha hecho que se utilice como materia prima para sintetizarlas. Todos recordaremos a Walter White, el personaje de la serie *Breaking Bad,* cocinando su famosa **metanfetamina azul.** La metanfetamina también se conoce como **desoxiefedrina**, ya que es estructuralmente muy similar a la efedrina, y por eso se parte de esta última para su preparación.

¿Sabías que casi todos hemos tenido efedrina en casa? Se encuentra en **muchos de los antigripales**, como **Frenadol descongestivo®,** que se vende sin necesidad de tener receta médica. Esta es la razón por la que los deportistas deben tener especial cuidado, ya que **pueden dar positivo en pruebas de dopaje** si toman uno de estos medicamentos antes de su competición. De hecho, si os acordáis, en *Breaking Bad,* la policía preguntó si alguien estaba comprando grandes cantidades de antigripales o antihistamínicos. Lo bueno de la efedrina es que no llega tan fácilmente al cerebro, por lo que su acción se suele limitar a abrir los pulmones sin afectar al comportamiento, justo al contrario de las anfetaminas, que pasan rápidamente al sistema nervioso central para hacer de las suyas.

El nacimiento de las anfetas

En busca de nuevos compuestos para tratar el asma, las enfermedades pulmonares y cardíacas, en el siglo XIX se sintetizó **la anfetamina** por primera vez a partir de la efedrina. Inicialmente, no se reconoció su potencial terapéutico como estimulante cerebral y se pasó por alto durante casi cincuenta años, hasta que se comercializaron la Benzedrina® y la Dexedrina® con gran éxito. Estos fármacos eran altamente **efectivos para mejorar la concentración, disminuir el cansancio, aumentar los niveles de alerta, favorecer la atención y la memoria, suprimir el apetito y reducir la fatiga.** Se vendían para prácticamente todo: mejorar el estudio, aumentar el rendimiento deportivo, adelgazar... Funcionaba a la perfección. Pronto se empezaron a conocer en las calles como **anfeta o speed.**

El éxtasis, la droga de los nazis

Uno de los derivados de las anfetaminas, el conocido «éxtasis», **metanfetamina o MDMA,** fue utilizado por los nazis para mantener a todo su ejército eufórico, en constante alerta y preparado para entrar en la batalla. **No necesitaban dormir, se sentían invencibles y no conocían el sentimiento de miedo**. Fue el medicamento perfecto para intentar ganar una guerra. Paradójicamente, se consideraban un ejército sano, teniendo prohibido otras drogas recreativas como la cocaína, el opio o la morfina. No sé si por hipócritas o para que no les diese un pampurrio con la mezcla de sustancias.

Y como todo en el maravilloso mundo de los medicamentos, la metanfetamina tenía otra cara de la moneda: su **enorme poder adictivo, la depresión posterior, los ataques de pánico, la paranoia, los ictus y los infartos masivos.**

Las autoridades sanitarias, al conocer el uso indebido de todos estos compuestos anfetamínicos, como drogas de abuso y *doping,* pidieron su inclusión en la lista de sustancias controladas, y las retiraron del mercado prácticamente en su totalidad. Quedando pocos compuestos comercializados y controlando mucho su distribución, para que no se haga un mal uso de ellos.

En la actualidad, solo **se utilizan legalmente derivados de anfetaminas** menos potentes para el trastorno por **déficit de atención e hiperactividad y la narcolepsia**. El empleo para otras indicaciones está prohibido debido a su alto riesgo de adicción y efectos secundarios graves.

COCAÍNA

¿La Coca-Cola llevaba cocaína?

La cocaína se extrae de la planta de coca, ***Erythroxylum coca,*** que crece en la cordillera de los Andes. Esta planta ha tenido una importante influencia histórica en las culturas andinas, como los incas. Además de su uso recreativo, que es el más conocido, la coca tiene propiedades medicinales, **se masticaba por los indígenas para aliviar el mal de altura en las montañas de las que es originaria o como anestésico local en el dentista.**

La cocaína se descubrió como **anestésico local** debido a que **al masticar las hojas de coca,** para subir sin problemas las altas montañas, **se adormecía la boca.** Esto se debe a que la cocaína bloquea los impulsos nerviosos que van desde la boca al cerebro, cortando la conducción del impulso nervioso y mermando la sensibilidad. A nivel cerebral, la cocaína **altera la comunicación entre las neuronas,** potenciando sus acciones normales y aumentando la dopamina, lo que **produce sensaciones de euforia y placer.** Sin embargo, una vez que el efecto de la cocaína desaparece, puede haber una depresión notoria y una sensación de llevar una vida menos satisfactoria.

La famosa Coca-Cola se inventó en 1880 por un farmacéutico en Georgia (Estado Unidos) llamado John Pemberton. El nombre de la bebida Coca-Cola es una combinación de dos de sus exóticos componentes originarios. **Coca** por las **hojas de coca** y **Cola** por su extracto de **nuez de kola africana** (con un 2 % de cafeína). Tras la aprobación de la Ley de la Pureza de los Alimentos y Medicamentos en **1906,** la fórmula tuvo que ser modificada y las hojas de coca se reemplazaron por **hojas descocainizadas.**

Hoy en día, evidentemente, la Coca-Cola no contiene ningún estupefaciente, aunque puede resultar relativamente adictiva por su gran cantidad de azúcar y cafeína.

LSD
CORNEZUELO DEL CENTENO

Tiene el baile de San Vito

Cuando una persona está nerviosa o no puede parar de moverse, decimos que tiene el baile de San Vito, pero ¿qué relación tiene esto con el LSD?

Durante la Edad Media, una extraña epidemia asoló Europa occidental. Centenares de personas danzaban por las calles «contagiados» sin causa alguna y sin poder detenerse. De repente, los bailarines comenzaron a desplomarse víctimas de infartos, derrames cerebrales o simplemente exhaustos de cansancio. Los médicos no sabían qué les ocurría, así que decidieron separarlos de los «no contagiados» para dejar que calmaran sus ansias de baile. Los enfermos no querían bailar y pedían auxilio para que alguien los ayudara, pero se creía que eran contagiosos.

Una de las teorías más lógicas para este episodio histórico es una intoxicación con **cornezuelo del centeno** por comer pan elaborado con cereales en mal estado. El cornezuelo del centeno es un **hongo** que afecta a los cereales y que contiene más de quince alcaloides del grupo **ergolina,** de los que se ha sintetizado el famoso **LSD o ácido lisérgico,** una droga alucinógena. Tras su ingesta, el cornezuelo del centeno provoca una enfermedad llamada ergotismo, que cursa con **alucinaciones, convulsiones, gangrena de las extremidades...**

Esos pobres bailarines estaban enfermos de ergotismo, lo que les provocaba convulsiones, trastornos mentales graves, infecciones gangrenosas, epilepsia y movimientos incontrolados. Aunque también podéis pensar que estaban completamente drogados —sin querer— con el precursor del LSD.

¿Y **San Vito** que tiene que ver en esto? Pues resulta que Vito fue un joven mártir del siglo III, que fue ejecutado sumergido en un caldero de aceite hirviendo, por cortesía del emperador de Roma. Por aquel entonces, lo más común era atribuir maldiciones a las epidemias o males. En este caso, si no podías parar de bailar, San Vito te podría haber maldecido.

El «mal viaje» del creador del LSD

Cuando alguien experimenta una **paranoia extrema** con emociones **no placenteras** a causa del consumo de **drogas alucinógenas,** se dice que ha tenido un **mal viaje,** pero ¿de dónde viene esta expresión?

La industria farmacéutica utilizó los **alcaloides del cornezuelo** del centeno en la primera mitad del siglo XX para investigar sobre **nuevos fármacos.** Con este **hongo** se logró desarrollar un medicamento llamado **Pan Ergot®** para cortar las **hemorragias posparto** gracias a su poder vasoconstrictor. Tras este hallazgo, se sospechaba que del mismo hongo se podrían extraer otros alcaloides que se utilizarían como principio activo de nuevos medicamentos. Tenían razón, ya que se fabricaron medicamentos muy efectivos para la **migraña** (ergotamina), las **hemorragias posparto** (ergometrina), la enfermedad de **Parkinson** (bromocriptina) o la **supresión de la lactancia materna** (cabergolina). Lo que no sabían es que, de manera **casual,** iban a descubrir el famoso **LSD o ácido lisérgico.**

En 1938, el químico Suizo Albert Hofmann sintetizó por primera vez el LSD o **compuesto número 25** a partir de los alcaloides del cornezuelo. ¿Y cómo se dio cuenta de su descubrimiento? Pues, por **accidente,** se llevó los dedos a la boca y, sorpresa, ¡empezó a ver colores y formas alucinantes! Emocionado por su hallazgo, al día siguiente decidió **aumentar la dosis** para sentir el poder de su nueva creación. Pero la cosa se puso fea. Decidió dejar de trabajar aquella tarde, ya que no podía hablar ni era dueño de su cuerpo **para volver a su casa en bicicleta.** Mientras pedaleaba en la bicicleta, el mundo a su alrededor se transformaba en una **pesadilla psicodélica.** Se llevó un susto tremendo. Pensaba que le había poseído el demonio. Gracias a Dios, todo se le pasó a la mañana siguiente tras descansar.

A este desagradable episodio, Albert Hofmann lo describió como un **mal viaje** de camino a su casa en bicicleta. Esta expresión ha perdurado en el tiempo para referirse a todos esos momentos incómodos con las drogas alucinógenas.

Inicialmente, pensaron que el LSD sería la panacea para la depresión y la ansiedad, pero su popularidad como droga recreativa en los años sesenta lo cambió todo. Pasó de ser un potencial medicamento, a ser ilegal en un abrir y cerrar de ojos.

KETAMINA

Special K, Kit Kat, Keta

La historia de la ketamina como fármaco es un viaje por el mundo de la anestesiología y la psiquiatría. Todo comenzó en los años sesenta, cuando un científico llamado **Calvin Stevens desarrolló la ketamina** con la esperanza de **crear un anestésico** seguro y efectivo **para las cirugías y que no suprimiera la respiración del paciente.** Y vaya que tuvo éxito. **La ketamina** resultó ser un anestésico revolucionario que **inducía un estado de sedación sin afectar demasiado la respiración,** lo que la hizo ideal para procedimientos quirúrgicos en los que se necesitaba mantener la función respiratoria. Se clasificaba como un anestésico general muy seguro, por lo que se administraba en pacientes **pediátricos y geriátricos.** Los efectos psicodélicos de la ketamina fueron descubiertos después de que un gran número de pacientes informaran de lo que habían sentido al salir de la cirugía. Un viaje maravilloso de gran intensidad.

Pero la ketamina no se detuvo ahí. Pronto se descubrió que tenía **propiedades únicas en el tratamiento del dolor,** especialmente **en pacientes con tolerancia reducida a los opioides.** Además, su capacidad para inducir un estado de disociación mente-cuerpo la convirtió en una herramienta valiosa en el **manejo del dolor crónico y en el tratamiento de trastornos psiquiátricos como la depresión y el trastorno de estrés postraumático.**

Con el tiempo, la ketamina ha seguido evolucionando y encontrando nuevos usos en la medicina moderna. Desde ser utilizada en la sala de emergencias para tratar el dolor agudo hasta ser administrada en inyección para aliviar la depresión resistente al tratamiento.

Pero, desgraciadamente, como la mayoría de los fármacos disociativos, **ha sido mal utilizada, convirtiéndose en una droga de abuso en ambientes de ocio.** Según sus consumidores, la ketamina sirve para alucinar, tener más imaginación y, sobre todo, para conocerse mejor. El problema es que se trata de una **droga muy potente y peligrosa, que a dosis altas puede provocar pérdida de conocimiento, coma, convulsiones, derrames cerebrales y paro cardiaco.**

ÓXIDO NÍTRICO

Popper, nitroglicerina y Viagra®

El ahora tan famoso **popper** (nitrato de amilo) **nace en 1852** para emplearse en medicina como **tratamiento de la angina de pecho.** Es un líquido muy volátil que al inhalarlo produce una **fuerte vasodilatación** y con ello una **bajada de tensión arterial.** Los pacientes a los que se les aplicó nitrato de amilo experimentaron **euforia, placer** y **aumento del deseo sexual.** Este fármaco se dejó de prescribir por su acción transitoria y su difícil dosificación, sin embargo, se utilizó posteriormente como **droga con fines sexuales para favorecer la relajación de esfínteres.**

Entonces, como no veían que el nitrato de amilo fuera del todo bien, buscaron otros fármacos con una composición química parecida para tratar la angina de pecho, apareciendo en escena la **nitroglicerina.**

Y ahora vamos a contar una historia explosiva. Allá por **el siglo XIX**, la **nitroglicerina era** tan **peligrosa** que ni en sueños podrías manipularla. Fue nuestro querido **Alfred Nobel,** sí, ese mismo, el de los Premios Nobel, quien tuvo la maravillosa idea de **mezclar la nitroglicerina con sílice y así creó la dinamita**, ideal para construcciones y demoliciones...

Pero... entonces... ¿cómo acabó la nitroglicerina en el campo de la medicina? Pues resulta que hubo un médico valiente que decidió probarla en pacientes con angina de pecho. Quería ver si esa sustancia similar al nitrato de amilo (popper) **era capaz de reducir el dolor y la presión en el pecho.** ¡Y vaya si funcionó! Funcionó tan bien que ahora es lo que se utiliza para tratar esa dolencia. Tranquilos, que no cunda el pánico, han **arreglado el problemilla de la explosividad, ahora la mezclan con lactosa y listo.** No queremos a nadie volando por los aires.

Si existe un protagonista en esta historia es el óxido nítrico (NO). Tras años de investigación, se descubre que tanto la nitroglicerina como el nitrito de amilo se transforman en óxido nítrico que es el verdadero responsable de la vasodilatación. Pfizer, la empresa farmacéutica, aprovechó este descubrimiento para investigar con el **sildenafilo.** Pero, ¡oh sorpresa! En los ensayos clínicos, el medicamento no dio los resultados esperados para la hipertensión y la angina de pecho. Sin embargo, **los pacientes se negaban a devolver las muestras sobrantes porque habían notado una mejora en su vida sexual.** ¡Más y mejores erecciones! Así que Pfizer decidió cambiar el rumbo y se metió de lleno en la investigación de la **disfunción eréctil...** Esta es la historia de cómo nació la famosa pastillita azul: la Viagra®. Ahora ya sabéis que el popper tiene mucho más que ver con la Viagra de lo que pudierais imaginar de forma obvia.

CAPÍTULO 6

DROGAS DEPRESORAS

ALCOHOL

¿Qué significa pillarse un ciego?

El origen de la expresión «ponerse ciego de alcohol» es más curioso de lo que parece. Resulta que el alcohol que tomamos en las bebidas **(etanol) puede estar mezclado/adulterado/rebajado** con otros **alcoholes más baratos** para sacar más rendimiento económico. Uno de estos alcoholes es **el metanol,** que en sí mismo no es tóxico, pero cuando nuestro cuerpo lo descompone, empiezan los problemas. En pocas horas, **nuestra visión se trastorna,** nos quedamos ciegos como topos y aparecen los **vómitos y la pérdida de consciencia.** Esto se llama alcohol adulterado o «garrafón». Y aquí viene lo surrealista: ¿sabes cómo se trata esta intoxicación de metanol? ¡Emborrachando aún más al paciente! Sí, sí, has leído bien. El tratamiento es **inyectar etanol directamente en vena.** Esto sucede gracias a que la enzima alcohol deshidrogenasa se pone a trabajar en metabolizar el etanol, el alcohol «bueno», y deja de lado al metanol, el alcohol problemático, evitando la formación de los productos tóxicos. Así, el metanol se elimina inalterado por orina sin causar daños.

Hay personas tan desesperadas por la terrible enfermedad de **alcoholismo,** que llegan a **beber líquido anticongelante.** El anticongelante contiene otro tipo de alcohol, el **etilenglicol,** que es aún más peligroso. No te deja ciego, pero **es capaz de dañar los riñones y provocar la muerte.**

Personalmente, cuando era pequeña pensaba que el alcohol que había en mi botiquín era totalmente distinto al que se bebía. ¡Qué equivocada estaba! Resulta que ambos son alcohol etílico o etanol, lo mismo, la misma sustancia. Pero **al alcohol de desinfectar la piel, le han añadido un tóxico con sabor repugnante, extremadamente amargo, para que la gente no se lo beba.**

Y todo esto se hace por una razón muy importante: **los impuestos.** Las bebidas alcohólicas llevan asociados altos impuestos, mientras que el alcohol del botiquín se considera un producto sanitario básico y goza de ciertos privilegios fiscales. Poner estos precios tan altos, es una forma de desalentar el consumo de alcohol, aunque no siempre funciona. Tanto es así que, como curiosidad, a mitad de la pandemia de covid-19, salió la noticia de que en una cárcel de Barcelona tuvieron que retirar el gel desinfectante de las manos (que contiene un buen porcentaje de etanol) del alcance de las reclusas, porque lo estaban mezclando con Coca-Cola, ¡como si fuera un cubata!

MARIHUANA CANNABIS

¿Por qué son más peligrosos los *brownies* que los porros?

El cannabis o cáñamo es conocido desde tiempos inmemoriales. Es una planta que crece fácilmente en diversos entornos y se ha utilizado principalmente como droga recreativa. A partir de los cogollos de las plantas hembra, se obtiene el hachís o chocolate, mientras que el resto de la planta se utiliza para producir marihuana.

Según relatan los expertos, el consumo recreativo del cannabis se popularizó en África, Asia y Europa principalmente durante la **prohibición musulmana del alcohol,** sin embargo, no había ninguna prohibición sobre la marihuana. Como se suele decir, hecha la ley, hecha la trampa. La historia de España está estrechamente ligada al islam y sus costumbres, incluido el consumo de hachís. Personalmente, me sorprendió descubrir que se puede cultivar cáñamo de forma legal con fines como la fabricación de alpargatas o papel. De hecho, **en España existe una enfermedad pulmonar llamada cannabiosis o polvo de cáñamo,** que se considera una **enfermedad profesional causada por la inhalación de las fibras de esta planta.**

Ahora vamos a responder a la pregunta: ¿por qué es más peligroso consumir marihuana en forma de alimento que fumarla? La respuesta es sencilla y se relaciona con el autocontrol. **Al fumarla, el tetrahidrocannabinol (THC) se absorbe directamente en los pulmones y se distribuye por el torrente sanguíneo, llegando rápidamente al cerebro y experimentando los efectos casi de inmediato.** Esto permite identificar cuándo es necesario parar. Sin embargo, **al ingerirla,** la marihuana debe **pasar por el proceso de digestión antes de ser absorbida por el cuerpo.** Durante este tiempo, es posible pensar que no ha hecho efecto y se tiende a consumir más.

Cuando finalmente **llega al hígado, el THC se descompone en una forma aún más potente llamada 11-hidroxi-tetrahidrocannabinol,** lo que provoca una **intoxicación repentina.** Además, el THC actúa como **antiemético,** es decir, **evita las náuseas y los vómitos,** lo que significa que **una persona intoxicada seguirá estándolo sin posibilidad de mejoría, porque su cuerpo no va a vomitar** para intentar salvarse. Por lo tanto, los efectos de la marihuana ingerida son más impredecibles y peligrosos.

La planta de la marihuana contiene otros compuestos llamados cannabinoides, como el CBD. En la actualidad, el CBD o cannabidiol es muy popular. Hay muchas diferencias entre el THC y el CBD. El **THC es un compuesto psicoactivo, lo que significa que altera las percepciones y modifica el estado de ánimo**. Es responsable del célebre «colocón» que se alcanza al consumir marihuana, pero **también se utiliza como relajante muscular, antiemético y analgésico.** Por otro lado, el **CBD tiene un gran potencial terapéutico, pero no es psicoactivo.** Se ha demostrado que tiene **propiedades antiepilépticas, ansiolíticas y antiinflamatorias.** Aunque el THC es ilegal en la mayoría de los países, hay una excepción: solo **hay un fármaco comercializado en España que mezcla los dos cannabinoides (THC+CBD);** se considera un **medicamento estupefaciente y se utiliza para relajar los músculos que están excesivamente tensos (espasticidad grave) en esclerosis múltiple.**

MORFINA
OPIO

El sueño de Morfeo

Según la mitología griega, **Morfeo era el dios de los sueños.** Era hijo de la personificación del sueño: Hipnos. Su misión fue velar por el descanso tanto de los mortales comunes como de los reyes y emperadores. Mientras las personas duermen, Morfeo aparece para crear imágenes mentales que revelan mensajes ocultos enviados por otros dioses. **Morfeo acariciaba la frente del durmiente con una amapola** y lo inducía a un sueño profundo.

Está claro que los griegos ya conocían el poder narcótico de la **amapola *(Papaver somníferum),*** aunque todavía no tenían constancia de qué sustancia era la que provocaba tal poder de sedación. Fue en 1806 cuando un aprendiz de boticario alemán, Friedrich Sertürner, **consiguió aislar un producto químico del opio capaz de inducir el sueño profundo en perros.** El hallazgo no convenció a su mentor y tuvieron que pasar once años hasta que Sertürner anunció que **había aislado la sustancia pura que bautizó como *morpheum* en honor al dios griego Morfeo.** Seguro de lo que había descubierto, probó en él mismo la morfina y en tres jóvenes de diecisiete años. El experimento fue un completo desastre, ya que casi fallecen todos por sobredosis.

Hoy en día, no se ha descubierto ninguna familia de sustancias que sean más eficaces en dolores agudos. La morfina y sus derivados son de los fármacos más relevantes de la historia, porque no hay nada más importante para el ser humano que dejar de sentir dolor.

HEROÍNA
FENTANILO
MORFINA
OXICODONA

HEROÍNA

El jarabe para la tos de Bayer

En 1874, en Londres, un químico inglés **sintetizó heroína a partir de morfina.** Por aquel entonces ya se conocía el potencial analgésico de la morfina y lo peligrosa que era por la adicción que generaba. Es por eso por lo que las farmacéuticas buscaron otros analgésicos que funcionaran igual de bien, pero que no fueran tan adictivos.

Fue en 1897 cuando la farmacéutica alemana **Bayer descubrió que la diacetilmorfina (heroína) era capaz de calmar la tos en pacientes tuberculosos** y les **facilitaba el sueño.** En esa época, la **tuberculosis provocaba la muerte de una de cada siete personas en los Estados Unidos,** por lo que este fármaco pasó a llamarse **la droga heroína.**

Aprovechando este hallazgo, Bayer comercializó un **jarabe antitusivo llamado Heroína que contenía diacetilmorfina (heroína) como ingrediente principal.** Se utilizó ampliamente en todo el mundo. De hecho, en Estados Unidos se podía adquirir fácilmente sin receta médica, incluso se utilizaba para la tos también de los niños.

El laboratorio esperaba que la heroína fuera menos adictiva y que tuviera menos efectos secundarios que la morfina. Pero esto no fue así. Casi desde el inicio de su lanzamiento comercial, hubo advertencias de que la heroína podría ser fatal. En 1924, el Congreso de Estados Unidos, finalmente, prohibió la heroína y Bayer se vio obligada a cesar la producción de su jarabe de heroína de manera definitiva.

A partir de 1970, hubo un *boom* en el consumo mundial de la heroína, sobre todo en Europa, convirtiéndose en una verdadera catástrofe en nuestro país. El impacto en pocos años fue terrible. Casi destruyó una generación entera, acompañado de crimen, delincuencia, atracos a farmacias, enfermedades de transmisión sexual y muchas muertes por sobredosis. Se toca fondo con la aparición del SIDA a mediados de los años ochenta.

Hoy en día, sabemos que **la heroína es altamente adictiva y peligrosa por generar tolerancia, provocando sobredosis y muerte a sus consumidores.**

FENTANILO

¿Es tan mala la droga zombi?

El **fentanilo** ha acaparado repetidamente los titulares de las noticias debido a la devastadora **epidemia de adicción** que azota a los Estados Unidos. En el año 2023, el número de víctimas fatales por sobredosis de fentanilo superó las cien mil. Este compuesto, un opioide sintético desarrollado en 1960, tiene una **potencia** entre **50 y 100** veces mayor que la **morfina**.

En **España,** se utiliza por vía intravenosa para **inducir la anestesia** antes de los procedimientos quirúrgicos, y por otras vías en forma de **parches**, **comprimidos sublinguales** o **pulverizador nasal** para aliviar el dolor agudo intenso oncológico. Incluso se utiliza como **antídoto la naloxona y la naltrexona, en caso de sobredosis accidental.**

Dentro de un hospital, en el **quirófano** y en **pacientes terminales de cáncer** es un medicamento muy efectivo y casi **imprescindible** para paliar el **dolor.** El problema viene cuando se prescribe para otros fines. Existen varias series que explican muy bien lo que ha ocurrido con el abuso de fentanilo en Estados Unidos, como *Painkiller* o *Dopesick.*

El sistema de atención médica privada de los Estados Unidos, basado en seguros, a menudo lleva a **dar de alta a los pacientes después de una cirugía** con tan solo 24-48 horas de recuperación, proporcionándoles **opioides orales,** como **oxicodona** o **fentanilo,** para controlar su dolor. Así se evitan tener que pagar al hospital un día más de ingreso, ya que los costes son muy elevados, provocando que muchos pacientes se enganchen a estos medicamentos. En contraposición, en España, los pacientes no suelen recibir el alta hasta que su necesidad de analgésicos fuertes disminuye significativamente.

Además, las empresas farmacéuticas llevaron a cabo campañas de marketing agresivas para **promover** el uso del **fentanilo** en **dolores crónicos no relacionados con el cáncer,** lo que ha contribuido aún más a la crisis.

La situación ha llegado a tal punto que, en hospitales estadounidenses, el fentanilo se administra bajo estricto control, almacenado en cajas de seguridad bajo llave para evitar el acceso no autorizado. También se enseña a los pacientes a desechar los parches en contenedores específicos para que los adictos no rebusquen en la basura y los mastiquen para sacar lo poco que quede de fentanilo.

Además, los narcotraficantes han visto que se pueden beneficiar **adulterando el resto de drogas,** como la cocaína o la heroína, con fentanilo para **aumentar su potencia** y conseguir **enganchar aún más** a los usuarios. Como ya hemos visto a lo largo del libro, **no hay fármacos buenos o malos**, sino bien o mal empleados.

GABA

¿GABA? Éxtasis líquido - GHB

El **GHB** (ácido gamma-hidroxibutírico), conocido popularmente como **éxtasis líquido,** es una droga de abuso que **nada tiene que ver con el éxtasis (MDMA),** ya que actúa como un **potente depresor del sistema nervioso central**. Su descubrimiento se basó en la búsqueda de sustancias similares al neurotransmisor inhibitorio del cerebro, **GABA** (ácido gamma-aminobutírico). Actualmente, el uso clínico del **GHB** se limita al **tratamiento de la narcolepsia,** debido a su estrecho margen de acción y sus graves efectos adversos.

Como droga recreativa, **el éxtasis líquido es particularmente peligroso,** especialmente cuando se combina con otras drogas depresoras como el alcohol. Su **forma líquida** y la **dificultad para controlar la cantidad ingerida** aumenta espectacularmente el riesgo de **sobredosis,** que puede provocar somnolencia, **depresión respiratoria,** alucinaciones e incluso **coma.**

Benzos, la droga legal del siglo XXI

El **mecanismo de acción** del GHB es **similar** al de las **benzodiazepinas,** actuando sobre los **receptores de GABA.** Las **benzodiacepinas,** utilizadas para tratar trastornos como la **ansiedad,** el **insomnio** y la **epilepsia,** han sido un éxito desde su introducción en los años sesenta. Sin embargo, debido a su potencial para causar dependencia y adicción, se deben utilizar con precaución.

Recientemente, ha surgido en el mercado español una **nueva droga llamada karkubi,** conocida como **la droga de los pobres.** Esta mezcla, combina **benzodiazepinas** con hachís, alcohol o pegamento. El karkubi puede provocar alucinaciones, psicosis, agresividad extrema e incluso coma.

La proliferación de recetas falsas y el robo de talonarios en centros de salud y hospitales han puesto en alerta a las autoridades sanitarias. Desde **enero de 2024,** ninguna farmacia en España **puede aceptar recetas manuales de las benzodiazepinas utilizadas en la elaboración del karkubi,** limitándose exclusivamente a recetas electrónicas.

CLOROFORMO Y CLORETILO

El nacimiento del parto sin dolor

No todo lo que vemos en las películas es verdad, afortunadamente. Si piensas en un secuestro o en un robo en casa, posiblemente te venga a la cabeza la típica escena del pañuelo impregnado en **cloroformo** y la víctima **desmayándose al instante.** ¿Qué hay de cierto en esto?

El cloroformo, descubierto en 1831, fue de los **primeros anestésicos** utilizados en **cirugía general.** Aunque inicialmente recibió críticas, James Young Simpson, profesor de obstetricia y **médico,** popularizó su uso.

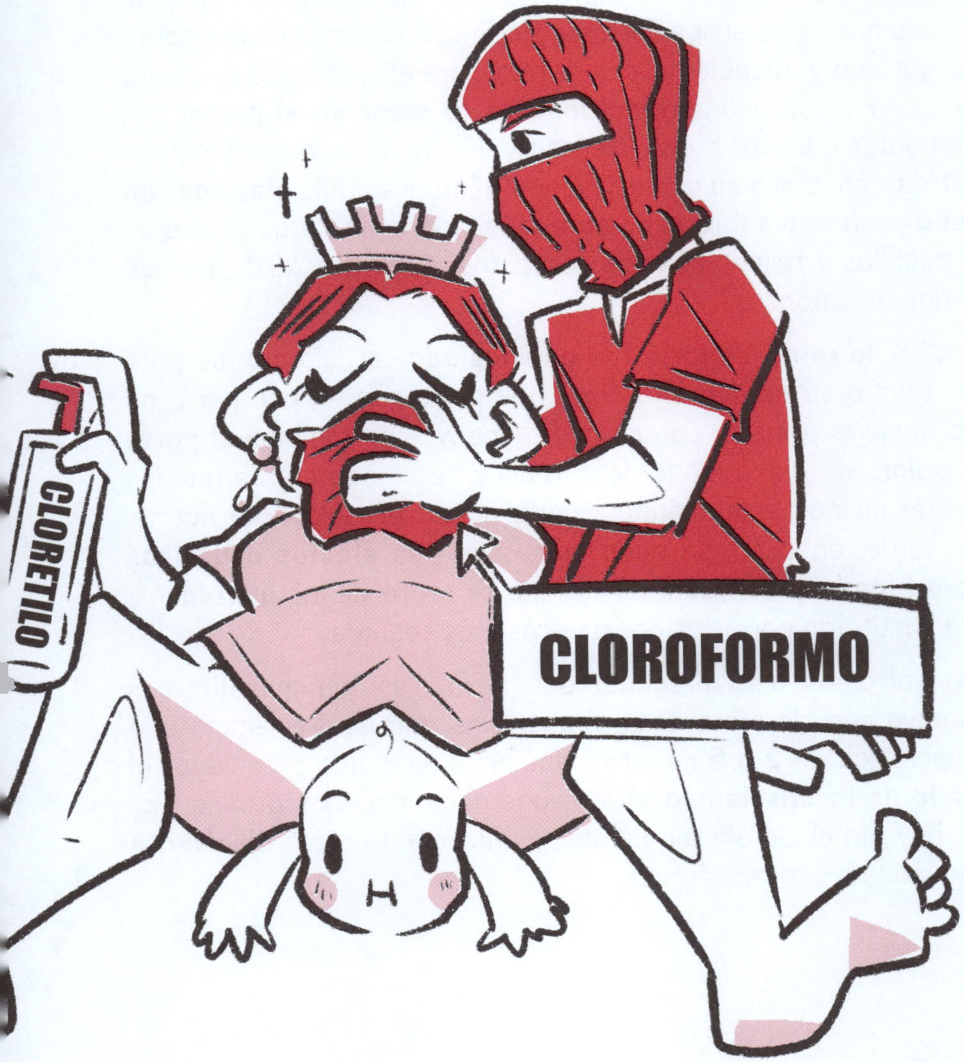

CLORETILO
CLOROFORMO

En 1847, mientras buscaba alternativas más eficaces que el éter, **se quedó dormido** inhalando cloroformo. Convencido de su gran hallazgo, comenzó a utilizar la sustancia como **anestésico en los partos** que asistía, ya que era perfecto al no eliminar las contracciones uterinas. El **clero no era partidario** de que se utilizara anestesia en los partos y propagó información falsa sobre la seguridad y eficacia del cloroformo. Para ello, se basó en la cita bíblica: «En gran manera **multiplicaré tu dolor en el parto,** con dolor darás a luz los hijos» (Génesis 3:16). Telita. A lo que Simpson contraatacó, Biblia en mano, leyendo: «Entonces Dios **hizo caer un sueño profundo sobre el hombre**, que se durmió. Le quitó una de las costillas y rellenó el vacío con carne» (Génesis 2:21). ¿En qué quedamos entonces?

En 1853, **la reina Victoria** fue **anestesiada** con cloroformo para dar a luz a su **octavo hijo.** Podemos decir que en ese parto no solo nació el príncipe Leopoldo de Albany, sino también el **parto sin dolor,** ya que la moda de la realeza fue más potente que los debates divinos, extendiéndose por el mundo el uso del cloroformo. Más tarde, en 1930, se pudo demostrar sus **efectos negativos sobre hígado y corazón,** por lo que se retiró de los quirófanos, para sustituirlo por otros anestésicos más seguros.

Pero volvamos a la pregunta del inicio: ¿es tan inmediato el desmayo con cloroformo? La realidad es que no. Se estima que se necesitan de **2 a 5 minutos** inhalando el líquido para llegar al **estado de inconsciencia.** Otra exageración cinematográfica. Por ello, hoy día el cloroformo se utiliza únicamente como **disolvente** en la industria farmacéutica.

Cloretilo – Del quirófano a las *raves*

En el mismo grupo de anestésicos por inhalación se encuentra el **cloretilo.** El cloroformo y el cloretilo pertenecen a la familia de los **hidrocarburos halogenados.** El cloretilo se descubrió antes, en 1759, y se utilizó como **anestésico inhalado** en el siglo XIX y principios del XX, pero debido a su **elevada toxicidad** vía inhalatoria, actualmente se emplea principalmente como **espray para anestesia local de la piel.** Para ello, la pulverización enfría la zona **(crioanestesia)** consiguiendo desensibilizar las terminaciones nerviosas de la piel. Se utiliza en **medicina deportiva,** biopsias, hematomas o realización de *piercings.*

El problema surge cuando se abusa de su consumo como **droga recreativa** para alcanzar un estado de **colocón.** Especialmente en los años ochenta, hubo un auge en su uso: las personas lo inhalaban en busca de **momentos efímeros de euforia,** evasión y risas descontroladas. Aunque generalmente no ocurre nada grave, el verdadero peligro radica en el **riesgo de quemar involuntariamente partes del rostro,** como la nariz, los ojos o las vías respiratorias internas, o de **excederse en la dosis,** lo que puede provocar **convulsiones,** desmayos, paro cardíaco, **daño neurológico,** coma e incluso la **muerte.** Además, al ser utilizado en eventos masivos, **suele combinarse con otras sustancias,** aumentando significativamente el riesgo de sobredosis, especialmente si se mezcla con **alcohol** o éxtasis **líquido**, ambos **depresores del sistema nervioso central.** Este espray para deportistas es mucho más letal de lo que parece.

CAPÍTULO 7

FÁRMACOS DERIVADOS DE MINERALES

LITIO

El 7UP y el trastorno bipolar

En 1927, Charles L. Grigg creó un refresco llamado Bib Label **Lithiated** Lemon Soda. Un nombre poco comercial y demasiado largo para una bebida, ¿no? Así que en 1936, decidieron simplificar las cosas y la renombraron como **7UP.** ¿La razón del cambio? Esta conocida bebida en su origen contenía **citrato de litio.** La masa atómica del **litio es** aproximadamente **7** y lo de **UP** tiene que ver con que el citrato de litio tiene la capacidad de levantar o estabilizar el ánimo. Incluso se recomendaba como «medicamento» para curar la resaca.

Mientras tanto, hasta la década del 1950, la gente con enfermedades mentales pasaba por terapias bastante desagradables, como electroshocks y lobotomías. Pero entonces llegó John Cade, ¡el héroe sin capa de esta historia! Un psiquiatra australiano decidido a cambiar el cruel tratamiento de las enfermedades mentales y mejorar la vida de sus pacientes. Después de años de observación en un campo de guerra japonés, notó que los enfermos con **deficiencias alimentarias tenían más problemas mentales.** Cade decidió tomar cartas en el asunto. ¿Qué hizo? Experimentó con la orina de pacientes psiquiátricos con manía, esquizofrenia o depresión, buscando algún químico que se eliminase por orina para relacionarlo con sus síntomas. ¿Qué descubrió? Que **el litio era la clave para tratar la manía.** Así nació **la primera farmacoterapia para enfermedades mentales,** el tratamiento con **carbonato de litio para trastornos bipolares y depresión mayor,** que es a día de hoy clave para este tipo de enfermedades.

Es muy curioso que a pesar de su eficacia y ya utilizándose en medio mundo, el litio no fue aprobado por la FDA hasta 1970. ¡Sí, casi treinta años después de su descubrimiento! Imagina a los psiquiatras agobiados esperando eternamente la aprobación mientras se toman un 7UP para refrescarse. ¡El mundo al revés!

LITIO

LITIO

MERCURIO

Es peor el remedio que la enfermedad

Antiguamente, **se utilizaba mercurio como comodín para todos los males.** Comprendo la atracción y fascinación que debían de sentir nuestros ancestros al usarlo, ya que a mí también me encantaba jugar con las bolitas de mercurio cuando se me rompía un termómetro. ¡Era pura magia! Que sea líquido a temperatura ambiente, es la propiedad física que ha llevado a este metal pesado a ser tan famoso y cuqui.

El mercurio ha sido utilizado por prácticamente todas las civilizaciones como antiséptico tópico para curar heridas, incluida la nuestra... ¿A quién no le han curado las heridas de las rodillas con la famosa **Mercromina® (mercurocromo)**? De hecho, aún se sigue vendiendo en las farmacias por su **poder inhibitorio del crecimiento bacteriano.** Vamos, que para que no se infecten las heridas, funcionar, funciona.

El problema surge cuando se empezó a utilizar por vía oral para curarlo todo. Les servía desde fármaco antidepresivo hasta antiparasitario para eliminar lombrices. Lo probaban para cualquier enfermedad. Hasta convencieron a **Qin Shi Huang, el primer emperador del imperio chino**, de que **para conseguir la inmortalidad debía tomar cápsulas de mercurio,** mezclado con otras sustancias. Para su sorpresa **falleció envenenado.**

Sin embargo, para lo que más se ha utilizado con diferencia es como tratamiento de la sífilis. Durante cinco siglos, desde el XV hasta que se descubrió el Salvarsan y la penicilina a principios del XX, la base del tratamiento de la sífilis fue el **mercurio.** Se administraba de todas las maneras que al ser humano se le podía ocurrir: en las heridas de los genitales, en ungüentos o preservativos primitivos pringados de mercurio, en inyecciones y por la boca cuando el enfermo estaba más grave. Incluso se calentaba el mercurio para inhalarlo en las famosas fumigaciones.

El problema eran los terribles efectos secundarios: salivación desproporcionada, caída de los dientes y la locura de la sífilis en sus últimas fases de la enfermedad (sífilis terciaria), que se confundía con el **envenenamiento por mercurio.** Como no había otro tratamiento, algunos médicos recomendaban utilizarlo con prudencia. Aunque había alguno en contra, que cuestionaba su eficacia y alertaba de su **elevada toxicidad.** No me extraña que se pusiera de moda el dicho: «Es peor el remedio que la enfermedad».

El sombrerero loco

El sombrerero loco de *Alicia en el país de las maravillas* no estaba loco, estaba envenenado con Mercurio. En el siglo XIX, **los trabajadores ingleses dedicados a la confección de sombreros sufrían de una grave enfermedad.** En el proceso de **preparación del fieltro** a partir de la piel de animales pequeños, **se utilizaba gas nitroso, liberado del nitrato de mercurio.** Este gas facilitaba la separación del pelaje de la piel del animal.

Los sombrereros de la época a menudo exhibían comportamientos psicóticos debido a la exposición continua a los vapores de mercurio, una condición conocida como **hidrargirismo o intoxicación crónica por mercurio.** Tenían también afectada la visión, el habla y la coordinación, además de síntomas externos como temblores, espasmos musculares, irritabilidad y nerviosismo.

Se cree que el escritor **Lewis Carroll,** autor de *Alicia en el país de las maravillas,* se inspiró en esta enfermedad profesional de la época para escribir el personaje del sombrerero loco.

La catástrofe de Minamata

Aunque desde el siglo III a. C, cuando falleció de un pampurrio el emperador chino, ya sospechaban de los posibles peligros del mercurio, no hemos sido conscientes hasta el día de hoy de sus consecuencias. El ejemplo más impactante fue el ocurrido en Minamata (Japón): durante treinta años una fábrica de ácido acético vertió al mar residuos con grandes cantidades de mercurio orgánico. Este producto entró directamente en la cadena de alimentación humana a través del marisco y el pescado, provocando que unas cincuenta mil personas (sobre todo niños) de esta bahía estuvieran afectadas de una extraña condición llamada la enfermedad de Minamata, que cursa con problemas en la vista, el oído y el habla, lesiones cerebrales, delirios y parálisis. No sabían exactamente qué lo producía hasta que descubrieron que era una variante del envenenamiento clásico por mercurio. Sabían que debía tener relación con el medioambiente, puesto que la fauna de la zona también presentaba estos síntomas. Esta tragedia a gran escala, fue el precedente de la prohibición del mercurio a nivel mundial.

En 2013, los Gobiernos firmaron el Convenio de Minamata, para intentar reducir el nivel de mercurio a nivel mundial. Se acordó reducir la combustión de carbón, que libera a la atmósfera mercurio en forma de gas; acabar con la minería de mercurio; eliminar el uso de productos no esenciales que contienen mercurio, como pilas, **termómetros**, bombillas, empastes dentales, cosméticos y algunos medicamentos.

En la actualidad, en las consultas de seguimiento del embarazo **se alerta a las mujeres de los pescados que se deben evitar durante el embarazo, por tener altas concentraciones de mercurio** con capacidad para atravesar la barrera placentaria **pudiendo afectar al feto,** sobre todo a nivel cerebral. La mayoría de pescados contienen mercurio, pero unos tienen mucho más que otros. Como regla general, los pescados más grandes, como el pez espada, emperador o atún rojo, contienen más cantidad de mercurio que los pequeños, como la trucha, la merluza o el bacalao.

RADIO

Rayos y... radón

El elemento **radio** fue **descubierto** en **1898 por Marie Curie** y su esposo Pierre mientras estudiaban un mineral llamado **pechblenda.** Se encuentra de manera natural en su mayor parte junto al uranio. Radio viene del latín ***radius*** que significa **rayos.** Lo denominaron así, ya que era un material capaz de **emitir rayos de manera espontánea.** Además, **emite un gas radiactivo llamado radón**. El elemento radio se transmuta de manera espontánea a radón.

La importancia de ventilar

El **gas radón** es un gas noble radiactivo que se produce al desintegrarse el radio presente en la corteza terrestre. Por eso, muchos científicos han intentado asociar el aumento de concentraciones de este gas en zonas de gran actividad sísmica con la posibilidad de predicción de un terremoto de gran intensidad.

El mayor peligro del **gas radón** es que, como es radiactivo, **al inhalarlo daña directamente las células de los pulmones.** Y pensaréis que esto debe ser un caso aislado que solo ocurre con los mineros del uranio. Pues no, sorprendentemente es la primera causa de **cáncer de pulmón de no fumadores** en España, sobre todo en Galicia y Extremadura, ya que sus suelos están repletitos de este gas. El gas radón **está presente en nuestras casas** y se desprende de muchas fuentes: el **suelo, el material de construcción, el gas natural**... Por ello, es de gran importancia **ventilar correctamente y a diario nuestros domicilios.** ¡Otro miedo desbloqueado!

Tus dientes brillarán con un tono radiactivo

Si hablamos de radio, tenemos que hablar de la radiactividad. Este elemento y sus propiedades **fosforescentes** causaron verdadero furor en el inicio del siglo XX. Se usaba prácticamente para todo, y obviamente hubo mucha gente que se intentó aprovechar. Aparte de para tratar cánceres, hubo un *boom* de sustancias radiactivas que promulgaban la curación de todas las enfermedades que se os puedan ocurrir. Se vendían jarabes con sales de radio, ollas, cremas, pastas de dientes, limpiacristales, relojes… La publicidad de la época es de película: «Tus dientes brillarán con un tono radiactivo».

Por desgracia, las personas engañadas para usar estos productos milagrosos, acababan envenenadas por radiación. El caso más impresionante es el de las chicas del radio…

Las chicas del radio

En **1917, en Estados Unidos,** se comenzó a utilizar el radio para la **fabricación de relojes «mágicos»** con los que se podía **consultar la hora en la oscuridad.** Esta luminiscencia era posible gracias a la pintura que se formaba de la **mezcla de sales de radio, pegamento y sulfuro de zinc.** Este nuevo invento sería muy útil para el ejército de los Estados Unidos, que podrían consultar

sus instrumentos y relojes en la oscuridad. Rápidamente, los ciudadanos también quisieron tener ese tipo de relojes que brillaban en la oscuridad. Fue por esta razón que **una gran empresa estadounidense,** viendo futuro al negocio, **contrató** a **un grupo de mujeres para pintar artesanalmente la esfera de cada reloj con la mezcla radiactiva.**

En aquel tiempo ya se conocía la radiactividad del radio, pero la empresa aseguraba que la **cantidad que contenía cada pieza era tan mínima que no supondría ningún peligro para la salud** del propietario del reloj. Pero ¿qué pasaba con las mujeres que lo fabrican? Debían **pintar cada número con un pincel fino, que previamente afinaban con los labios** para que sus pinceladas fueran más precisas. Con cada número que pintaban, tragaban una pequeña cantidad de radio, por lo que **se estaban intoxicando diariamente** sin saberlo.

Cinco años más tarde comenzaron los primeros casos de **caída de dientes, anemia, fracturas de huesos, sobre todo de la mandíbula, varios tipos de cánceres y por desgracia muertes...** con mucho dolor. La empresa no proporcionó a sus trabajadoras nunca protección frente a este material radiactivo. **Algunas de las empleadas demandaron a la empresa,** ganando el juicio y consiguiendo una **mejora en la regulación de los derechos laborales de los Estados Unidos.**

Radio-grafía y radio-terapia

A todos en algún momento nos han radiado, ¿quién no se ha hecho una **radiografía**? De hecho, los médicos llevan la cuenta de las pruebas de imagen que nos han realizado para conocer la radiación a la que hemos sido sometidos, evitando así problemas futuros.

En **1895,** se descubrieron los **rayos X** y con ellos las pruebas de imagen en medicina para ver cómo tenemos los huesos por dentro. Esto sí que fue una gran revolución, poder realizar una nueva exploración y un diagnóstico más certero. Nacía la ciencia de la **radiología**, en la cual se utilizan estas **radiaciones para diagnosticar.** Mientras que la **radioterapia**, emplea la **radiación ionizante para tratar y curar** infinidad de **enfermedades, sobre todo oncológicas** y síntomas como el dolor en tratamiento paliativo.

De hecho, Marie Curie se interesó en las aplicaciones médicas que podría tener el radio en la curación del cáncer, la incipiente radioterapia. Tristemente, **tras cuatro décadas de exposición a sustancias radiactivas, Curie muere en Francia a causa de una leucemia en 1934.**

YODO

Mi abuelita diría: «Padezco de tiroides»

El yodo es un **elemento esencial** para la vida humana. Lo ingerimos a través de muchos alimentos como son el pescado, marisco, productos lácteos y huevos. Este mineral es imprescindible para que la **glándula tiroides fabrique sus hormonas** y que el organismo funcione correctamente. Las **hormonas tiroideas** (T3 y T4, estos números nos dicen cuántos átomos de yodo contienen en su estructura) son las responsables de procesos tan importantes como el **crecimiento**, las **emociones**, la **regulación de la temperatura** y el **ritmo cardiaco.** Y sobre todo son las señales que controlan el metabolismo de los hidratos de carbono y las grasas. Esto hace que **pequeños desequilibrios** en estas hormonas **afecten mucho** a las personas que lo padecen, por eso es uno de los parámetros que más se revisan en los chequeos médicos.

Un **exceso de hormonas tiroideas** se llama **hipertiroidismo,** la persona va a experimentar **taquicardias, pérdida de peso y nerviosismo** asociado a mucha energía. Mientras que un déficit de hormonas tiroideas es el **hipotiroidismo,** cursa con **cansancio** y **aumento de peso,** además de muchos más síntomas. Cuando no se consume suficiente yodo con la dieta, el organismo comienza a fabricar más y más células tiroideas para **captar el máximo yodo posible, haciendo que esta glándula se agrande** de manera espectacular, produciendo un **tumor benigno en el cuello llamado bocio**. Esta enfermedad era muy habitual en zonas rurales de montaña que no consumían prácticamente alimentos como pescados por su lejanía con el mar.

«Eres un cretino»

Ser un **cretino** es un insulto que se utiliza para referirse a alguien que es un estúpido, necio, tonto o bobo. Un cretino además es una persona que padece **cretinismo,** una enfermedad congénita que provoca retraso en la inteligencia y defectos en el desarrollo. Todo esto viene causado por un **hipotiroidismo congénito,** es una mutación que hace que no funcione bien la glándula tiroides y necesite mayor cantidad de yodo para el crecimiento normal del niño. Esta enfermedad congénita está erradicada en España, ya que es una de las más de veinte enfermedades que se detectan en la **prueba del talón** que se realiza a los recién nacidos y además se recomienda a todas las mujeres embarazadas que tomen suplementos de yodo hasta acabar la lactancia.

Otro hito importante fue que desde el año 1983, en España, se puede comprar en todos los supermercados **sal de mesa yodada.** De esta manera se pudo garantizar el cumplimiento de los requerimientos nutricionales de yodo, reduciendo así de manera espectacular el número de casos de hipotiroidismo en todas las edades. Y si eso no fuera suficiente, se receta **levotiroxina,** que es la **hormona T4 sintética para normalizar los niveles en sangre.**

La próxima vez que utilices la expresión **eres un cretino,** te acordarás de la **cruel realidad** que esconde este insulto.

El yodo en medicina

El yodo se utiliza ampliamente en farmacia y todos lo tenemos en el botiquín de casa para curar las heridas. El yodo es un potente **antiséptico** y **desinfectante** que destruye prácticamente cualquier organismo vivo. En forma de **povidona yodada** se vende como el famoso **Betadine®.**

El yoduro potásico es el **suplemento nutricional para embarazadas** o para cuando no se cubran las necesidades diarias con la dieta. Este tipo de yodo ha salido recientemente en todos los telediarios como **pastillas contra la radiación,** ya que la gente se volvió loca comprándolas por internet para tener en caso de que hubiera un desastre nuclear. No es verdad que actúen contra la radiación. Lo único que hacen es **saturar completamente nuestras células del tiroides con yodo normal,** para que en caso de estar expuestos a yodo radiactivo, «el peligroso» no pueda ser retenido, evitando así desarrollar un futuro cáncer de tiroides.

Yodo radiactivo

Curiosamente, el mismo **yodo radiactivo** que se forma en los accidentes nucleares es el que se utiliza en medicina como radioterapia para tratar el **cáncer de tiroides.** Estamos hablando del **I-131,** un **isótopo de yodo que emite radiación.** Este yodo solo se acumula en la tiroides al ser captado por sus células para transformarlo en las hormonas tiroideas, así, dicha radiación es capaz de **destruir la glándula** y **cualquier otra célula tiroidea cancerosa que haya migrado por el torrente sanguíneo (metástasis a distancia).** Esto hace que sea un tratamiento muy específico, ya que solo ataca a estas células que son las únicas capaces de recoger el yodo.

En este caso nos gustaría agradecerle al **yodo radiactivo** el poder haber disfrutado durante treinta años más de la vida de nuestra **abuela María,** superviviente de un cáncer de tiroides.

FLÚOR

Fluorescencia y colores flúor

Todos estamos familiarizados con los brillantes colores flúor que utilizamos para subrayar cosas importantes en los apuntes o para darle vida a nuestro bronceado en verano. ¿Pero de dónde proviene ese adjetivo **flúor**? Viene de **fluorescente,** que a su vez es un tipo de **luminiscencia**. Esto significa que ciertos materiales, **al absorber energía** (como la luz solar), **son capaces de emitirla en forma de colores brillantes en la oscuridad,** típicamente del amarillo al verde flúor. En otras palabras, ¡son como las pegatinas y juguetes que brillan en la oscuridad! **Este fenómeno está relacionado con el flúor, un elemento químico cuyo mineral principal es la fluorita.** La fluorita, al calentarse, emite luz (termoluminiscencia), y a temperatura ambiente, el flúor, en forma de gas, muestra tonalidades que van del amarillo al verde.

La peligrosa naturaleza del flúor

El flúor **es el elemento más reactivo conocido.** Eso significa que es más estable y está más cómodo cuando se combina con otros elementos, que cuando está solo. **Esta característica lo hace extremadamente peligroso,** ya que puede causar quemaduras graves en la piel y hasta corroer el vidrio. De hecho, el flúor es tan reactivo que en los primeros experimentos de la bomba atómica, se pensaba que las enfermedades que sufrían los investigadores eran resultado de la exposición al flúor utilizado para refinar el uranio, ¡y no de la radiación en sí misma! Esto demuestra cuánto desconocimiento existía en aquel entonces sobre las propiedades de los elementos.

Ya en el siglo XVI **se intentó aislar el flúor, pero todas las pruebas se tradujeron en tragedia,** pues todos los que lo intentaban acababan intoxicados de manera irreversible. Fue solo a finales del siglo XIX cuando **Henri Moissan logró aislar el flúor en su forma elemental, por lo que se le otorgó el Premio Nobel de Química en 1906.**

El flúor en nuestra vida cotidiana

A pesar de su toxicidad, el flúor se encuentra presente en muchos aspectos de nuestra vida diaria, principalmente en forma de compuestos fluorados. Se encuentra en el agua del mar, por lo que los productos marinos, el té, las frutas y las carnes pueden contener fluoruros.

En pequeñas cantidades, **el flúor es beneficioso para prevenir las caries.** Se incorpora al esmalte dental, fortaleciendo los dientes y haciéndolos más resistentes. Por esta razón, los dentistas recomiendan el uso de pastas dentales y enjuagues fluorados. En algunos países, como Estados Unidos, incluso se añade fluoruro al agua potable para mantener niveles óptimos para la salud dental.

El teflón, conocido por su antiadherencia en utensilios de cocina, es un **conjunto de fluoruros orgánicos, principalmente politetrafluoroetileno.** Aunque es ampliamente utilizado, su obtención está vinculada al ácido perfluorooctanoico (PFOA), un compuesto cancerígeno y contaminante que ha generado demandas por sus efectos negativos en la salud humana y el medioambiente.

Los clorofluorocarbonos (CFC), descubiertos por DuPont Corporation, fueron una vez ampliamente utilizados en aires acondicionados, refrigeradores y aerosoles. Sin embargo, su **impacto en la capa de ozono llevó a su prohibición y su reemplazo por otros gases menos dañinos,** aunque con efectos secundarios también preocupantes, como el potencial de calentar la atmósfera y derretir los polos. ¡No se sabe qué es peor!

El flúor en los medicamentos

Después de descubrir lo tóxico que puede ser **el flúor,** resulta sorprendente saber que **casi una cuarta parte de los medicamentos que encontramos en el mercado lo contienen.** ¿Por qué? Pues porque **al incorporar flúor a la estructura química de un fármaco, su vida útil se prolonga notablemente, permitiendo, por ejemplo, su administración una vez al día.** Los farmacéuticos han sabido aprovechar que **el enlace carbono-flúor no es eliminado** fácilmente por el cuerpo humano, lo que facilita la toma de estos medicamentos. Y curiosamente, **en algunos casos, añadir flúor ha evitado que el fármaco se convierta en sustancias tóxicas dentro de nuestro organismo.** Así son las cosas de la vida, y también de las enzimas.

Además, es común encontrar **el prefijo flu- en el nombre del principio activo de estos medicamentos.** Algunos ejemplos que seguro os resultan familiares son la **FLUoxetina** (un conocido antidepresivo), el **sevoFLUorano** (un gas anestésico muy utilizado), la **FLUdrocortisona** (un corticoide sintético), las **FLUoroquinolonas** (un grupo de antibióticos), la **triFLUridina** (un antivírico), el **FLUconazol** (un antifúngico) y el **5-FLUorouracilo** (una quimioterapia).

Flúor radiactivo

Otro avance científico importante en el ámbito médico es el **isótopo radiactivo flúor-18, utilizado en imágenes diagnósticas** mediante tomografía por emisión de positrones **(PET).** Este isótopo radiactivo es capaz de emitir positrones, lo que lo hace perfecto para su uso en esta técnica de imagen. Para ello, **se utiliza un radiofármaco llamado fludesoxiglucosa (^{18}F),** muy similar a la glucosa. Este radiofármaco **se administra por vía intravenosa** a los pacientes, y se absorbe rápidamente en los tejidos con alta demanda de glucosa, como ocurre en los tumores y sus metástasis. **Al ser captado por estos tejidos, emite positrones, lo que permite visualizar de manera característica los tumores y sus extensiones en el cuerpo.** De esta manera, se puede diagnosticar y evaluar la propagación de enfermedades como el cáncer. Al final le vamos a tener que dar las gracias al flúor.

ANTIMONIO

El *eyeliner* de los egipcios

El **antimonio** no es un elemento esencial para la vida humana. Más bien se considera un **veneno**, sin embargo, para los **egipcios** era la joya de la corona.

Conocido como **kohl** en el antiguo egipcio, este **polvo negro** no solo **embellecía los ojos,** sino que también tenía propiedades curativas. Era su *eyeliner* por excelencia, ya que **alejaba a los insectos** y **protegía contra infecciones oculares** como el tracoma, que fue una de las principales causas de **ceguera** de esa época. Con estas ventajas, no les importaba mucho intoxicarse con antimonio diariamente.

Las copas vomitorias de los romanos

¿Quién no conoce los famosos *calices vomitorii* de los romanos? Esas copas hechas de **antimonio** que no dejaban lugar a dudas sobre su función: ¡hacerte **vomitar**! El proceso era simple: **se llenaban con vino** y se dejaban reposar durante un día, permitiendo que el ácido tartárico del vino reaccionara con el antimonio de las paredes de la copa. Esto daba lugar a **antimonio tartarizado,** que se disolvía en el líquido y al ingerirlo producía una **indeseable respuesta** que provocaba que se vaciara todo el contenido del estómago en la dirección opuesta.

Gracias a estas curiosas copas, se dice que los romanos podían **satisfacer su apetito en los banquetes** sin preocuparse por excederse: cuando se sentían tan llenos que apenas podían más, un sorbo de sus ***calices vomitorii* les hacía vomitar** para seguir disfrutando de la comida. Hoy en día se cree que esta historia **es un bulo** y que no utilizaban las copas vomitorias para ese fin, sino para hacer lavados de estómago tras intoxicaciones.

El laxante familiar

Pero todavía me llama más la atención otra de las formas de administración del **antimonio como purgante o depurativo** de épocas pasadas. Se consumía vía oral en forma de bolita de metal. Como podréis imaginar la bolita entraba, hacía su efecto evacuante para **aliviar el estreñimiento** y salía intacta por el otro agujero. Lo especialmente raro era que cada familia **solo tenía una única bolita,** por lo que todos utilizaban la misma y se pasaba de generación en generación. ¡Eso sí que era reciclar!

Leishmania - antimoniales pentavalentes

Hubo una época en la que los médicos recurrían como **medida desesperada a los antimoniales** para curar todo tipo de enfermedades. O te **curaban** o te **mataban** por su propia toxicidad, pero que por intentarlo no fuera. De esta manera, se descubrió que sí eran **efectivos como antiprotozoarias contra la leishmania,** uso que se conserva todavía.

Posiblemente la leishmania te suene a enfermedad de perros, y tienes razón, pero también puede afectar a humanos. La leishmaniasis es causada por un parásito protozoario y se transmite a través de la picadura de un mosquito. Se calcula que a día de hoy están infectadas más de doce millones de personas en todo el mundo. La enfermedad puede causar inflamación del hígado y del bazo y si no se trata, tiene un resultado fatal.

A principios del siglo XX, la industria farmacéutica comprobó que el **tártaro emético** y otros compuestos antimoniales resultaban **eficaces en el tratamiento de Leishmania.** A pesar de su **gran toxicidad** en corazón e hígado, actualmente se siguen utilizando fármacos con antimonio en los hospitales, con mucha precaución, para el tratamiento de esta infección.

ARSÉNICO

El clásico veneno

El **arsénico**, aunque es esencial para la vida humana, ha sido conocido desde tiempos inmemoriales por su **potencial como veneno,** empleado en suicidios y homicidios.

A pesar de su reputación mortal, el arsénico está presente en muchos aspectos de nuestra vida cotidiana. Lo ingerimos a través de mariscos, como almejas, mejillones, langostas y algunos peces, en su forma orgánica, la cual no representa un riesgo para la salud. Sin embargo, el problema surge cuando el **arsénico inorgánico** se filtra en el agua por las tuberías. Esta forma de arsénico **es altamente tóxica** y puede **acumularse en la piel** en forma de **pequeñas manchas blancas.**

El desastre de Bangladesh

En los años noventa, Bangladesh se enfrentó a una grave epidemia de **arsenicosis,** afectando a millones de personas, debido a la construcción masiva de pozos de agua contaminados con altas concentraciones de **arsénico**. Este desafortunado evento se desencadenó tras la **construcción de miles de pozos de agua** impulsados por una ONG en los años setenta, **con el fin de combatir enfermedades como el cólera.** Sin embargo, al no analizar las aguas para detectar la presencia de arsénico, no se anticipó la magnitud del problema. Hoy en día, **en Bangladesh, el arsénico está presente de forma natural en el 20 % de los acuíferos poco profundos, afectando a unos 57 millones de personas.**

La conciencia sobre este problema llevó a que las autoridades recomendaran analizar las aguas y buscar fuentes alternativas de agua potable. Además, dado que **Bangladesh** y otros países asiáticos son los **principales productores mundiales de arroz,** existe el **riesgo de contaminación por arsénico si los arrozales son regados con agua contaminada.** Por lo tanto, se aconseja **revisar la procedencia del arroz, reducir el consumo de arroz integral** (que contiene mayor cantidad de arsénico) **y minimizar su contenido lavándose repetidamente antes de cocinarlo.**

Antes muerta que sencilla

Un caso curioso fue la moda del siglo XIX con el **pigmento verde esmeralda,** que contenía **trióxido de arsénico.** Este pigmento se utilizaba ampliamente en decoración del hogar, pinturas, papel pintado, colorantes para la ropa e incluso para ilustrar las tapas de los libros. De hecho, en el archiconocido libro *El nombre de la rosa,* de Umberto Eco, este veneno es el protagonista, ya que es el culpable de los misteriosos fallecimientos de los monjes que se investigan en la trama.

Como decimos, el uso del pigmento verde provocó numerosas intoxicaciones, siendo otro ejemplo de las **modas mortales** de la época victoriana. Aunque los **vestidos verdes** no representaron un gran problema, pues las usuarias dejaban de utilizarlos al detectar **problemas en la piel,** el verdadero peligro residía en los **papeles pintados de los hogares de color verde,** que desprendían un polvo tóxico y afectaban especialmente a los más pequeños de las casas.

En la actualidad, el **trióxido de arsénico** se utiliza por vía intravenosa para tratar la **leucemia promielocítica aguda.**

EL NOMBRE DE LA ROSA
ARSÉNICO

CAPÍTULO 8

FÁRMACOS DERIVADOS DE ANIMALES

UN VERDADERO DILEMA

Desde tiempos inmemoriales, diversas **partes de animales** han sido empleadas **para tratar** una amplia gama de **patologías.** Un ejemplo de esto es la medicina tradicional china, que utiliza **vísceras e insectos triturados.** No obstante, en la **medicina moderna,** los derivados animales son menos comunes, ya que **predominan los productos de origen vegetal y químico.**

A pesar de esto, aún existen productos farmacéuticos, especialmente **excipientes,** que provienen de animales. Esto representa un **problema** significativo **para personas alérgicas,** quienes deben conocer estos ingredientes, **y** plantea **dilemas éticos por razones religiosas y culturales.** Es fundamental que las personas tengan la opción de decidir si desean ser tratadas con productos de origen animal, contando con toda la información necesaria.

Además del **veganismo** como estilo de vida, **diversas religiones imponen restricciones específicas: budistas, sijistas e hinduistas** (algunos son vegetarianos estrictos), **musulmanes** (cerdo, animales no halal y alcohol), **judíos** (cerdo, mariscos, animales no *kosher*), y **testigos de Jehová** (sangre y sus derivados), entre otros. Por ello, es crucial que los médicos sean conscientes de las **creencias religiosas de sus pacientes** antes de prescribir un fármaco.

CERDO

Del chorizo a la heparina

Uno de los **fármacos** más destacados **obtenidos del cerdo** es la **heparina,** un **anticoagulante** utilizado para **prevenir la formación de coágulos sanguíneos.** Es esencial en numerosas cirugías, ictus, infartos y para prevenir trombos en diversas patologías. La **heparina** se extrae principalmente **de la mucosa intestinal del cerdo. España produce** aproximadamente **el 20 % de la heparina mundial.** Ya ha habido algún susto de **falta de suministro** por **enfermedades** que afectan a estos animales, **como la gripe porcina.** Aunque existe una **pequeña producción de heparina bovina** para **judíos** y **musulmanes ultraortodoxos, su uso es limitado** debido a enfermedades como la encefalopatía espongiforme bovina. A pesar de haberse desarrollado **heparina sintética en laboratorio,** su **precio** aún es **demasiado alto** para satisfacer la demanda global.

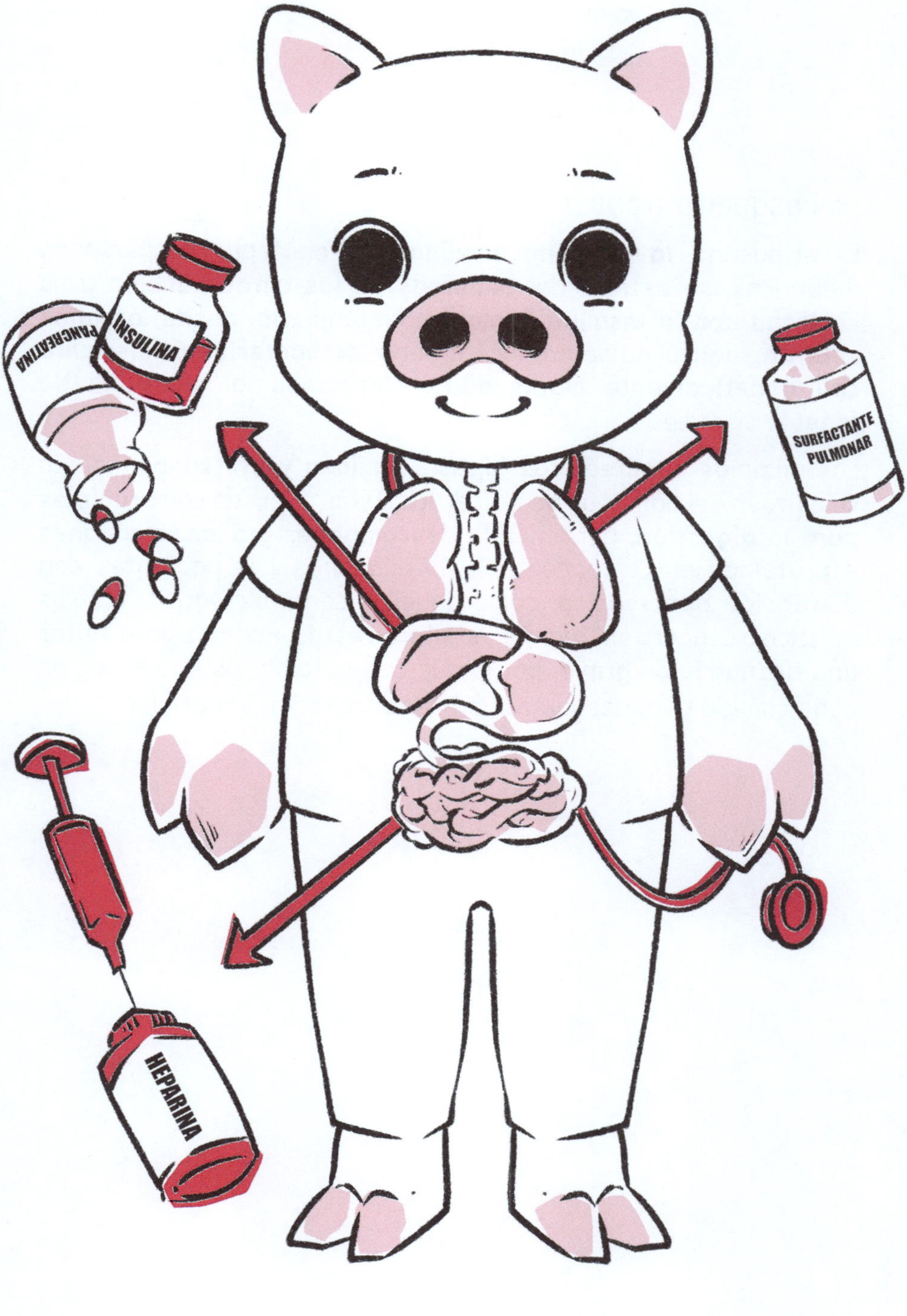
PANCREATINA
INSULINA
SURFACTANTE PULMONAR
HEPARINA

La casquería tradicional

En el pasado, **la hormona insulina,** esencial para las personas diabéticas, **se extraía del páncreas de los cerdos** debido a su **similitud con la insulina humana.** Sin embargo, **desde los años setenta,** la insulina se produce a partir de **bacterias *Escherichia coli* genéticamente modificadas,** eliminando la necesidad de fuentes animales.

Las **enzimas pancreáticas (lipasa, amilasa y proteasa)** todavía se extraen del páncreas de los cerdos. Estas enzimas son **cruciales para la digestión,** permitiendo **descomponer grasas, almidones y proteínas** en componentes más pequeños. Los **pacientes con disfunción pancreática,** como aquellos con pancreatitis, fibrosis quística o cáncer pancreático, **requieren estas enzimas para evitar una desnutrición grave,** por lo que deben tomar este fármaco en cada comida para asegurar una buena digestión y nutrición.

Gracias al cerdo los bebés prematuros pueden respirar

El **surfactante pulmonar, extraído de los pulmones del cerdo,** es vital para los bebés muy prematuros, cuyos pulmones no están suficientemente desarrollados para respirar por sí solos (síndrome de distrés respiratorio del recién nacido)., Se administra **surfactante** a través de la tráquea del recién nacido, que es un líquido lleno de proteínas, similar a un jabón espumoso, que **permite que los pulmones funcionen adecuadamente, evitando que colapsen.** Este tratamiento ha salvado innumerables vidas, permitiendo a los bebés prematuros respirar de manera efectiva.

VACA

El producto omnipresente

La **gelatina,** un **derivado del colágeno** extraído principalmente de los **tejidos y huesos de las vacas,** está en todas partes. Aunque puede provenir de otros animales, suele ser de vaca.

Al pensar en gelatina, lo primero que se viene a la mente son los **postres y las gominolas.** Sin embargo, su uso se extiende mucho más allá, siendo un **componente esencial en la industria farmacéutica** para la **fabricación de cápsulas** de medicamentos, **cremas con colágeno, estabilizantes de vacunas, implantes oculares y dos medicamentos críticos** en situaciones de emergencia: **los expansores de plasma,** utilizados cuando un paciente pierde mucha sangre, y las **esponjas hemostáticas,** vitales para detener el sangrado durante cirugías urgentes.

La pesadilla de los intolerantes a la **lactosa**

La **leche de vaca** es la **fuente de un excipiente** ampliamente utilizado **en medicamentos: la lactosa.** Este disacárido, que se descompone por la enzima lactasa en glucosa y galactosa durante la digestión, es **ideal para la formulación de cápsulas, comprimidos y polvos para inhaladores,** como los usados por asmáticos. Su **bajo precio, estabilidad y compatibilidad** lo hacen el excipiente perfecto.

No obstante, la **lactosa presenta problemas** para los **intolerantes** a ella, los **galactosémicos** (enfermedad del metabolismo de la galactosa) y **los veganos.** Aunque **la mayoría de los medicamentos contienen menos de 2 gramos de lactosa,** lo cual suele ser **tolerable** para los **intolerantes leves a moderados**, **su presencia debe ser declarada en** todos los **envases, prospectos y fichas técnicas,** permitiendo a los pacientes buscar alternativas con la ayuda de su farmacéutico o médico. Además, **la leche de vaca** se utiliza en **fórmulas para lactantes y en otros fármacos como la lactoferrina,** que ayuda a combatir la anemia.

Vacuna, por supuesto que viene de vaca

Las **vacunas,** a pesar de sus detractores, **han revolucionado la salud pública, aumentando** drásticamente la **esperanza de vida,** especialmente **entre los más pequeños.** Aunque tienen efectos secundarios, son la **herramienta más eficaz para** prevenir enfermedades, e incluso **erradicarlas,** como fue el caso de la **viruela en 1980.**

La **historia de las vacunas** comienza precisamente con **la viruela,** una enfermedad **conocida desde** tiempos del **antiguo Egipto** y propagada globalmente en brotes epidémicos. **El primer intento de inmunización,** conocido como inoculación o variolización, **se remonta a la China del siglo XI,** donde se **inhalaban costras pulverizadas o pus fresco de enfermos leves** para inducir una versión menos severa de la enfermedad.

Estos métodos **se difundieron por todo el mundo.** Los **hindúes** usaban **agujas impregnadas con costras** del año anterior para realizar **pequeños cortes en la piel**. Y en **Europa,** la **inoculación,** aunque más tardía, se practicaba desde el **siglo XVIII.**

Pero, entonces, ¿qué relación tienen las vacunas con las vacas? En **1796, Edward Jenner** desarrolló **la vacuna moderna.** Observó que **las mujeres que ordeñaban vacas y contraían viruela bovina** *(Variolae vaccinae)* **eran inmunes a la viruela humana.** Probando su hipótesis, **Jenner infectó a un niño con viruela bovina** usando las ampollas de una ordeñadora infectada, y unas semanas más tarde **con viruela humana,** sin que el niño desarrollara la enfermedad, demostrando así la inmunidad.

La **vacunación se extendió mundialmente,** culminando con la **erradicación de la viruela.** Hoy en día, **las vacunas siguen relacionadas con las vacas,** ya que muchas **contienen proteínas u otros productos derivados de estos animales**.

GALLINA

El cultivo ideal para los virus

Si hablamos de **vacunas,** es imprescindible **mencionar a las gallinas.** Sus **huevos** han sido fundamentales para el **cultivo de diversos virus,** utilizados posteriormente en la **producción de vacunas con virus atenuados o inactivados**. Para **mantener los virus vivos fuera de su huésped,** es necesario proporcionarles un **ambiente adecuado** para su replicación. En la década de **1930,** un científico descubrió que **los huevos fecundados de gallina eran ideales para cultivar virus** en el laboratorio. Desde entonces, la mayoría de las vacunas se fabricaban usando esta técnica.

Sin embargo, **se detectó que las vacunas podían contener trazas de proteínas del huevo,** como la **ovoalbúmina,** lo que provocaba **reacciones alérgicas graves en personas alérgicas al huevo.** Por ello, las **vacunas contra la gripe y la fiebre amarilla** están **contraindicadas para estos pacientes,** y **la vacuna triple vírica** (sarampión, rubéola y parotiditis) debe **administrarse en un hospital** para evitar reacciones adversas graves.

El ingrediente perfecto para las mezclas

La **lecitina** es una sustancia **esencial para la formación de emulsiones,** permitiendo la mezcla, por ejemplo, de agua y aceite. Se puede **extraer del huevo, la soja y otras semillas. En la cocina,** se utiliza ampliamente para **estabilizar emulsiones en productos procesados,** encontrándose en ingredientes de repostería, chocolates y batidos. **En la industria farmacéutica, la lecitina es fundamental.** Los medicamentos o productos con **apariencia lechosa,** como la **nutrición parenteral administrada por vena a pacientes que no pueden comer,** contienen **lecitina de huevo o soja** para **estabilizar la emulsión de carbohidratos, proteínas y lípidos** necesarios para la supervivencia.

Otro fármaco superfamoso que es lechoso es el **propofol.** Seguro que has oído hablar de él, porque fue el **causante de la muerte de Michael Jackson.** Es un **anestésico intravenoso** ampliamente utilizado, conocido por su **rápida acción en inducir la inconsciencia.** El propofol se vuelve problemático debido a su **insolubilidad en agua,** por lo que requiere la **adición de estabilizadores como la lecitina de huevo,** haciéndolo inadecuado para personas alérgicas a este alimento.

Las crestas de gallinas rejuvenecen

Pocas personas se preguntan **de dónde proviene el ácido hialurónico**, un polisacárido presente en la piel, los ojos y otras partes del cuerpo humano. **Descubierto en los años treinta** como la **sustancia viscosa que ayuda a mantener la forma de los ojos,** el ácido hialurónico encontró su utilidad comercial cuando **se logró extraer** eficientemente **de las crestas de gallinas y gallos,** que son ricas en esta sustancia y consideradas un subproducto desechable.

En cosmética, el ácido hialurónico se usa en **cremas** hidratantes y antienvejecimiento, **y se inyecta** para dar volumen y reducir líneas de expresión y arrugas. **En medicina,** se utiliza para **proporcionar amortiguación en las articulaciones,** como en el **tratamiento de la artrosis de rodilla.**

REPTILES

Veneno de serpiente

Hay venenos que pueden salvarte la vida. En este caso, la serendipia ha querido que **el veneno de la serpiente brasileña jararaca,** una víbora muy peligrosa, sea la **clave para la síntesis** de los **fármacos** más utilizados en la actualidad para **disminuir la tensión arterial elevada.**

El veneno de esta víbora causa en su víctima una **bajada de tensión arterial** tan fuerte y precisa que hace que pierda el conocimiento. Además, **modifica la coagulación de la sangre,** pudiendo aparecer sangrado de encías, hemorragias graves y coágulos que pueden causar incluso la muerte.

La curiosidad por cómo funcionaba este veneno, llevó a que científicos estadounidenses quisieran aislarlo para ver qué valor podía tener en medicina.

Después de meses de investigación, **extrajeron del veneno un compuesto** que por fin fue de su interés. Mauricio Oscar Rocha e Silva, descubre en 1949 **la bradicinina.**

La bradicinina es **una hormona peptídica** que causa una **reducción de la presión arterial.** Intentaron fabricar bradicinina de manera sintética, pero su efecto era menos potente que el del veneno natural. Siguieron probando hasta que **dieron con un compuesto de cinco aminoácidos que normalizaba la hipertensión arterial** en animales al cortar la formación de una sustancia, **la angiotensina II.**

La curiosidad, la intuición y mucho esfuerzo llevaron a la síntesis de un nuevo fármaco para luchar contra la hipertensión arterial disponible por vía oral llamado **captopril. El primer fármaco de la familia de los IECAS** (inhibidor de la enzima convertidora de angiotensina), de donde más tarde surgieron el enalapril o el ramipril, que revolucionaron la farmacoterapia y mejoraron la calidad de vida de los pacientes hipertensos hasta la actualidad.

El lagarto que baja la glucemia

Después del gran éxito del captopril, se investigaron diversos **venenos de reptiles,** incluyendo el del **monstruo de Gila** *(Heloderma suspectum).* Este es uno de los dos únicos **lagartos venenosos** del mundo y habita en las regiones desérticas entre Estados Unidos y México. Los investigadores **descubrieron que un componente proteico de la saliva de este reptil, la exenatida, era muy similar a una hormona humana, el GLP-1,** cuya función no se comprendía completamente hasta entonces. Así comenzó una nueva línea de investigación.

Además de la insulina y el glucagón (hormona contraria a la insulina), existen en el cuerpo humano **otras hormonas menos conocidas** que también contribuyen al **control de la glucemia,** conocidas como **incretinas.** El **GLP-1** (péptido-1 similar al glucagón) **es una de estas incretinas.** Después de las comidas, el GLP-1 aumenta la secreción de insulina, disminuye el glucagón, retrasa el vaciado gástrico y **reduce el apetito,** produciendo un **efecto antidiabético.** Sin embargo, el **GLP-1 se degrada rápidamente en el cuerpo.** La gran sorpresa fue que **la exenatida,** aunque **similar al GLP-1, permanecía mucho más tiempo en el cuerpo.** Esto representaba una nueva posibilidad terapéutica para la diabetes tipo 2.

Es importante destacar que **la diabetes tipo 2,** frecuentemente **asociada a la obesidad, es una de las enfermedades más prevalentes en el mundo,** afectando a aproximadamente trescientos cincuenta **millones de personas.** Por lo tanto, cualquier avance en este campo **no solo tiene un gran impacto en la salud de los pacientes**, sino que también genera **importantes beneficios económicos para la industria farmacéutica.**

La **exenatida fue aprobada en 2005,** revolucionando el tratamiento de la diabetes tipo 2. Este medicamento **mejoraba el control glucémico al aumentar la secreción de insulina.** Pero los avances no se detuvieron ahí: la exenatida abrió el camino para una **nueva familia de fármacos conocidos como análogos del GLP-1** (dulaglutida, semaglutida, liraglutida, lixisenatida).

Numerosos ensayos clínicos demostraron que **estos nuevos fármacos no solo controlaban la glucemia**, sino que **también reducían significativamente el apetito, ayudando a los pacientes a perder peso.** Esto llevó a que se prescribieran ampliamente para el **control del peso,** ocasionando problemas de suministro en las farmacias y apareciendo frecuentemente en las noticias. ¡Otro triunfo de los reptiles en la medicina!

ÉQUIDOS

Los fabricantes de los antídotos

Aunque parezca sorprendente, **los caballos** todavía **se utilizan para hacer fármacos en la actualidad.** Todos **los antídotos para venenos de víboras, serpientes, medusas, escorpiones y arañas** provienen de estos animales. ¿Cómo es esto posible?

Cuando hablamos de antídotos, **nos referimos a antisueros o sueros inmunológicos.** Estos productos, administrados por vía intravenosa, buscan **neutralizar el veneno para que no siga dañando al paciente,** aunque no pueden eliminar el daño ya causado. Los antisueros **se fabrican inyectando a los caballos el veneno en cuestión.** El **sistema inmune del caballo responde creando anticuerpos contra él.** Una vez que se han **producido suficientes anticuerpos, se extrae la sangre del caballo y se procesa, obteniendo el antídoto**. Este proceso es similar a la producción de vacunas, pero involucra al caballo, y se conoce como **inmunidad pasiva.**

Evidentemente, **estos anticuerpos no son humanos**, sino de caballo, y **pueden quedar restos del animal en el antídoto,** lo que puede causar **reacciones alérgicas.** Sin embargo, **en situaciones críticas, se prioriza salvar al paciente del veneno** antes de abordar posibles reacciones alérgicas posteriores. Aun así, estos antisueros **suelen ser tratamientos eficaces, incluso en personas alérgicas.**

Históricamente, **antes de la era de los antibióticos**, los **antisueros** también fueron cruciales. **Se extraía sangre de una persona que había sobrevivido a enfermedades como la difteria para obtener anticuerpos y tratar a otros pacientes.** Este método de suero inmunológico de persona a persona resurgió durante la **crisis del ébola en 2014.**

La primera terapia sustitutiva hormonal

La **menopausia** es el período en el que las mujeres experimentan una **reducción de los niveles de hormonas sexuales (estrógenos y progestágenos) y la interrupción definitiva de la menstruación,** lo cual provoca síntomas como **sofocos**, **cambios emocionales y aumento de peso,** entre otros. Se concluyó que **administrar externamente estas hormonas mejoraría los síntomas,** y así nació la terapia sustitutiva hormonal.

Buscando una **fuente de estas hormonas,** se descubrió que **la orina de yeguas gestantes** tenía un **alto contenido en estrógenos.** En **1942**, salió al mercado el **primer fármaco para tratar los síntomas de la menopausia: Premarin®,** cuyo nombre proviene de **Pregnant Mares Urine** (orina de yeguas embarazadas). Posteriormente, se consiguió sintetizar en el laboratorio diferentes derivados de estrógenos.

Sin embargo, **se demostró que estas terapias hormonales** pueden tener **efectos secundarios graves,** como un aumento del **riesgo de cáncer de mama y útero, trombos, infartos e ictus.** Por ello, se recomienda que, si es inevitable su administración, **se tomen las dosis más bajas posibles durante el menor tiempo necesario** para minimizar estos riesgos.

CULTIVOS CELULARES

La base de la biotecnología

Las **células de ovario de hámster chino (CHO)** son fundamentales en biotecnología. Aunque es probable que no hayas oído hablar de ellas, estas células **son un medio de cultivo esencial** y extremadamente importante. Derivadas del hámster chino, **las células CHO son muy estables y fáciles de cultivar en el laboratorio.** Se han utilizado en innumerables estudios sobre radiación, productos químicos, infecciones...

Lo más valioso de las **células CHO** es su **capacidad para ser modificadas y dirigidas para producir proteínas que atacan dianas específicas en el cuerpo humano.** Muchos de los **nuevos fármacos contra el cáncer** administrados en hospitales, como el **bevacizumab** para el **cáncer de colon o el trastuzumab** para el cáncer de mama, son fabricados usando estas células. También se sintetizan otros medicamentos que los pacientes se inyectan en casa, como los **nuevos tratamientos para la artritis reumatoide (tocilizumab), asma grave (benralizumab), hipercolesterolemia grave (evolocumab), migraña crónica (fremanezumab), psoriasis (secukinumab),** entre muchos otros.

Además de las células CHO, **otra línea celular** importante en biotecnología es la **línea celular murina,** derivada de **ratones de laboratorio.**

Humanos en investigación

Desde el **siglo XIX,** los científicos **intentaron cultivar células animales en el laboratorio,** pero **solo lograban mantenerlas vivas unas pocas semanas debido a su limitado número de divisiones.** Todo cambió **en 1952** cuando **una muestra de cáncer de cuello uterino de Henrietta Lacks, una paciente** del Hospital Johns Hopkins, **llegó a un laboratorio.** Este tumor era extraordinariamente agresivo y no solo **sobrevivía de manera indefinida**, sino que **se reproducía rápidamente.** Era el medio celular ideal para realizar toda clase de estudios. Así nacieron las células **HeLa,** nombradas tomando **las primeras letras del nombre y del apellido de la paciente**.

Henrietta Lacks era una mujer afroamericana **nacida en 1920** en Virginia, Estados Unidos. **Tras tener a su quinto hijo,** notó un sangrado inusual y fue diagnosticada con cáncer de cuello uterino. **Sin su consentimiento, los médicos tomaron biopsias de su tumor y tejido sano durante su tratamiento de radioterapia y enviaron las muestras a un laboratorio de investigación.** A pesar del tratamiento, el cáncer se extendió y Henrietta falleció diez meses después.

Las **células HeLa** se convirtieron en una de las **líneas celulares inmortales más importantes de la investigación científica,** especialmente **en el estudio del cáncer,** durante los últimos setenta años. Sin embargo, **su uso** plantea un serio **dilema ético.**

En aquella época, era común estudiar tejidos de pacientes sin su consentimiento, considerándolos residuos. Aunque ni los médicos ni el hospital se beneficiaron económicamente del descubrimiento, **otros equipos de investigación comenzaron a vender las células HeLa a precios elevados en todo el mundo,** mientras la familia de Henrietta Lacks sufría dificultades económicas. Este dilema ético persiste hasta hoy, especialmente porque la familia de Henrietta se enteró de la situación y de la fama de las células que llevaban las iniciales de su madre y abuela.

Entre los **descubrimientos** más importantes realizados con las células **HeLa** se encuentran el **desarrollo de la vacuna contra la poliomielitis,** la **vacuna contra el virus del papiloma humano** y varias **quimioterapias,** como la **hidroxiurea, el irinotecán y la talidomida.**

EPÍLOGO

Después de haber leído este libro, te va a salir una sonrisilla tonta cuando te digan «Yo no tomo medicamentos, solo cosas naturales». Ya hemos visto que la mayoría de fármacos tienen su origen en la naturaleza, tanto en plantas como en bacterias, hongos, minerales e incluso animales.

Hay una muy delgada línea entre un fármaco beneficioso y un veneno peligroso, por eso es tan importante la precisión y los conocimientos en farmacología. Todo depende de la dosis.

Gracias por acompañarnos en este mundo de curiosidades frikis sobre medicamentos. Esperamos que os haya gustado tanto leerlo como a nosotras escribirlo.

BIBLIOGRAFÍA

ALONSO, J. *Tratado de Fitofármacos y Nutracéuticos.* Corpus. 2020.

ARCOS NOGALES, L. *Epopeya farmacéutica la farmacia en el mundo antiguo.* Ediciones Universidad de Salamanca. 2016.

BARROSO, S. G., y HERNÁNDEZ, P. C. «Molecular targeted therapies: current perspectives in acute promyelocytic leukemia». *Rev Cubana Hematol Inmunol Hemoter*. 2021; 37(3): 1-11.

BRUNETON, J. *Pharmacognosie. Phytochimie - Plantes Médicinales.* Tec & Doc Lavoisier. 2016.

BRUNETON, J. *Plantas tóxicas. Vegetales peligrosos para el hombre y los animales.* Acribia. 2001.

CALIXTO, J.B. «The role of natural products in modern drug Discovery». *An Acad Bras Cienc.* 2019; 91 Suppl 3: e20190105.

CIHLAR, T., y RAY, A. S. «Nucleoside and nucleotide HIV reverse transcriptase inhibitors: 25 years after zidovudine». *Antiviral Res.* 2010 Jan; 85(1): 39-58.

COMISIÓN CLÍNICA DE LA DELEGACIÓN DEL GOBIERNO PARA EL PLAN NACIONAL SOBRE DROGAS. «Drogas emergentes: realidades, mitos, efectos». [Consultado el 19 de enero de 2024]. Disponible en: https://pnsd.sanidad.gob.es/profesionales/publicaciones/catalogo/catalogoPNSD/publicaciones/pdf/InformeDrogasEmergentes.pdf

COMISIÓN CLÍNICA DE LA DELEGACIÓN DEL GOBIERNO PARA EL PLAN NACIONAL SOBRE DROGAS. «Canabis II: realidades, mitos, efectos».

COMISIÓN DE SALUD PÚBLICA. «Protocolos De Vigilancia Sanitaria Específica Agentes Anestésicos Inhalatorios». 2001.

COMMITTEE TO EVALUATE THE POTENTIAL EXPOSURE OF AGENT ORANGE/TCDD. *Residue and Level of Risk of Adverse Health Effects for Aircrew of Post-Vietnam C-123 Aircraft; Post-Vietnam Dioxin Exposure in Agent Orange-Contaminated C-123 Aircraft.* Washington, D.C. National Academies Press. 2015.

COMMITTEE TO REVIEW THE HEALTH EFFECTS IN VIETNAM VETERANS OF EXPOSURE TO HERBICIDES. *Veterans and Agent Orange.* Washington, D. C. National Academies Press. 2018.

Elliot, J. «Mercurio: de panacea a veneno: Medicación tóxica. Historia y vida». ISSN 0018-2354, N.º 655, 2022. (Ejemplar dedicado a: Infierno en el gulag), pp. 80-83. [Consultado el 19 de mayo de 2024]; (655): 80-83. Disponible en: https://dialnet.unirioja.es/servlet/articulo?codigo=8719051&info=resumen&idioma=SPA

Fernández Vera, A. *Significado y origen de dichos españoles.* Punto Rojo Libros. 2018.

Furman, B. L. «The development of Byetta (exenatide) from the venom of the Gila monster as an anti-diabetic agent». *Toxicon.* 2012 Mar; 59(4): 464-471.

Gómez del Río, M.A., y Benedí González, J. «Fármacos antineoplásicos (I): revisión. Farmacia profesional». ISSN 0213-9324, vol 20, N.º 2 (FEB). 2006, pp. 60-64. [Consultado el 19 de mayo de 2024]; 20(2): 606-4. Disponible en: https://dialnet.unirioja.es/servlet/articulo?codigo=4583286

Jácome Roca, A. «Historia de los Medicamentos». *Revista Medicina.* 2003. [Consultado el 19 de mayo de 2024]; 25(3). Disponible en: https://revistamedicina.net/index.php/Medicina/article/view/63-9

Langer, M. «DIVINA FUMUS. Historias, anécdotas y curiosidades sobre a iglesia y el tabaco». *Revista Americana de Medicina Respiratoria.* 2008. [Consultado el 19 de mayo de 2024]; 18(2): 132-139. Disponible en: http://www.scielo.org.ar/scielo.php?script=sci_arttext&pid=S1852-236X2018000200011&lng=es&nrm=iso&tlng=es

Laza Loaces, D., Rodríguez Luis, I. y Sardiña Cabrera, G. «Descubrimiento y desarrollo de agentes anticancerígenos derivados de plantas medicinales». *Revista Cubana de Plantas Medicinales.* 2003. [Consultado el 19 de mayo de 2024]; 8(3):0-0. Disponible en: http://scielo.sld.cu/scielo.php?script=sci_arttext&pid=S1028-47962003000300012&lng=es&nrm=iso&tlng=es

Martínez Lara, M. *Brujos, magos e incrédulos en la España del Siglo de Oro «Microhistoria cultural de ciudades encantadas».* Alderabán. Ediciones. 2013.

Ministerio de Sanidad, Gobierno de España. Agencia Española de Medicamentos y Productos Sanitarios (AEMPS). [Consultado el 19 de mayo de 2023]. Disponible en: https://www.aemps.gob.es/

Ministerio de trabajo y economía social. Gobierno de España. Instituto Nacional de Seguridad y Salud en el Trabajo - INSST. «Prevención de Riesgos Laborales». [Consultado el 19 de mayo de 2024]. Disponible en: https://www.insst.es/

Monneret, C. «Platinum anticancer drugs. From serendipity to rational design». *Ann Pharm Fr.* 2011 Nov; 69(6): 286-295.

Moore K. «The Radium Girls». *Simon & Schuster*. 2016. [Consultado el 19 de mayo de 2024]. Disponible en: https://www.iberlibro.com/Radium-Girls-Moore-Kate-Simon-Schuster/31042762889/bd

Nogué Xarau, S. *Toxicología clínica: Bases para el diagnóstico y el tratamiento de las intoxicaciones en servicios de urgencias, áreas de vigilancia intensiva y unidades de toxicologia.* Elsevier. 2019.

Organización Mundial de la Salud. World Health Organization (WHO). [Consultado el 19 de mayo de 2024]. Disponible en: https://www.who.int/

Pijoan, M. «Venenos tribales». *Offarm.* 2007 Apr 1. [Consultado el 19 de mayo de 2024]; 26(4): 104-116. Disponible en: https://www.elsevier.es/es-revista-offarm-4-articulo-venenos-tribales-13101546

Queensland Health. «Medicines/pharmaceuticals of animal origin». 2020.

Quezada, A. «Los orígenes de la vacuna». *Revista Médica Clínica Las Condes.* 2020 May; 31(3): 367-373.

Robledo, P. «Las anfetaminas. Trastor Adict». 2008 Jul 1. [Consultado el 19 de mayo de 2024]; 10(3): 166-174. Disponible en: https://www.elsevier.es/es-revista-trastornos-adictivos-182-articulo-las-anfetaminas-13128591

Ros-Vivancos, C., González-Hernández, M, Navarro-Gracia, J. F., Sánchez-Payá, J., González-Torga, A. y Portilla-Sogorb, J. «Evolution of treatment of syphilis through history». *Rev Esp Quimioter.* 2018 Dec; 31(6): 485-492.

SCHIOLDANN, J., y GARRABÉ, J.« La historia de la introducción del litio en medicina y psiquiatría: El nacimiento de la psicofarmacología moderna en 1949». *Salud Mental.* 2012 [Consultado el 19 de mayo de 2024]; 35(6): 541-544. Disponible en: http://www.scielo.org.mx/scielo.php?script=sci_arttext&pid=S0185-33252012000600014&lng=es&nrm=iso&tlng=es

VÁSQUEZ DE RICCIARDI, L. «Terapéutica antileishmania: revisando el pasado, el presente y el futuro». *Gac Med Caracas.* 2009. [Consultado el 19 de mayo de 2024]; 117(2): 93-111. Disponible en: http://ve.scielo.org/scielo.php?script=sci_arttext&pid=S0367-47622009000200002&lng=es&nrm=iso&tlng=es